NDCへの招待

―図書分類の技術と実践―

蟹瀬智弘

樹村房

はじめに

NDC は『日本十進分類法』の英語タイトルである「Nippon Decimal Classification」の頭文字で，公共・大学を問わず日本のほとんどの図書館で使用されている分類法です。本書はこの NDC を使用して図書を分類する技術を解説したものです。

しかし，NDC の意義は図書館の本を分類する道具にとどまるものではありません。

一昔前までは情報はおもに紙の本に記録されることが多く，そのため本を収集・整理することで情報資源の管理ができました。収集する施設が図書館であり，整理するための技術が目録規則や分類法・件名標目表としてまとめられてきたのです。しかし現在では，情報はインターネットで公開されることが多くなり，本はさまざまなメディアで提供される情報資源の一つに過ぎなくなっています。

そのため図書館やその整理技術である目録規則や分類法などが不要であるかのようにいわれることもありますが，本がさまざまな情報資源の一つである以上，これらの整理技術がすぐに不要になるものではありませんし，むしろこれまで本の整理のために培ってきた技術を，インターネットを始めとする他の情報資源に対しても適用して，情報資源にアクセスする手段を整備していく必要があります。

本書が，今後ますます重要性を増していく NDC について，広く理解され利用されるための一助となれば幸いです。

2015 年 3 月

蟹瀬　智弘

目次

はじめに……1

本書の構成……7

I 部　基礎編

1章　分類とは ——————————————————————— 10

　1．トランプを分類する……11

　2．野菜を分類する……13

　3．本を分類する……20

　4．書誌分類と書架分類……23

　5．NDC の場合……26

2章　NDC の構成と概説 ——————————————————— 30

　1．全体の構成……30

　2．本表……31

　3．一般補助表……47

　4．固有補助表……63

　5．相関索引……65

　6．正誤表……69

　7．補遺（9 版）……69

3章　NDC の使い方 ————————————————————— 71

　1．基本的な使い方……71

2．「使用法」……72

3．ローカルルール……73

4．構造を知る……74

5．メインとサブ……76

6．主題と形式……78

7．○○そのものと○○について……79

8．主題と分野……80

9．時間と空間……81

10．1〜9 と 0……81

11．一般と特殊……82

12．隠れている記号の推定……83

13．まとめ……84

4章　各類解説 ─────────────── 87

1．0 類……87

2．1 類……90

3．2 類……95

4．3 類……101

5．4 類……110

6．5 類……112

7．6 類……116

8．7 類……118

9．8 類……123

10．9 類……129

Ⅱ部　実践編

1章　主題の捉え方 —————————————— 136

1．個別分類とシリーズ分類……136

2．主題理解のための情報源……138

3．主題分析と分類付与……143

4．複数主題……145

5．派生作品……149

2章　実務上の注意点 —————————————— 152

1．翻訳書の分類……152

2．分類実務のコツ……153

3．分類記号の統一……158

3章　応用例題と解説 —————————————— 159

1．0類……159

2．1類……167

3．2類……172

4．3類……183

5．4類……212

6．5類……222

7．6類……236

8．7類……242

9．8類……249

10．9類……250

おわりに……257

参考文献……258

付録1　メインとサブの両方になるものの一覧……260

付録2　NDC 9-10版対応表……271

索　引……293

〈図目次〉

図1　トランプ……12

図2　野菜の分類……15

図3　紀伊國屋書店WEB……24

図4　NDC各版……30

図5　第1次区分表……32

図6　第2次区分表……33

図7　第3次区分表（部分）……35

図8　細目表（部分）……36

図9　645 家畜. 畜産動物. 愛玩動物（部分）……38

図10　464 生化学……40

図11　420 物理学……41

図12　492 臨床医学：.4……42

図13　492 臨床医学：〈.916／.919〉……42

図14　40 自然科学……43

図15　467 遺伝学……44

図16　形式区分……48

図17　地理区分（部分）……57

図18　海洋区分……60

図19　言語区分（部分）……62

図20　相関索引……66

図21　1〜9と0の考え方……82

図22　ドイツ文化史の分類記号の考え方……84

図23　神道各教派の共通細区分表……94

図 24　仏教各宗派の共通細区分表……94

図 25　キリスト教各教派の共通細区分表……95

図 26　日本の各地域の歴史における時代区分……97

図 27　各国・各地域の地理．地誌．紀行における共通細区分表……100

図 28　第 3 次区分表の 490 の部分……111

図 29　各種の技術・工学における経済的，経営的観点の細区分表……113

図 30　様式別の建築における図集……113

図 31　写真・印刷を除く各美術の図集に関する共通細区分表……119

図 32　7 芸術における時代と地域の考え方……120

図 33　言語共通区分……124

図 34　文学共通区分……130

図 35　所得税・法人税と収得税……146

図 36　022 写本．刊本．造本……163

図 37　江戸時代の対外関係の考え方……176

図 38　経済学，経済学史，経済史，経済史学の関係……197

〈表目次〉

表 1　NDC の意味的構造による第 1 次区分……45

表 2　メインとサブ……77

表 3　主題と形式……78

表 4　マスコミ，マスメディア関連の分類記号……89

表 5　各種の伝記……99

表 6　588 食品工業と 619 農産物製造・加工……115

表 7　6 産業における総記の分類記号……116

◉本文中の URL はすべて 2015 年 4 月に確認しています。

本書の構成

　Ⅰ部は基礎編です。NDC に関する基礎的な知識を解説しています。

　1章「分類とは」では，まず分類するとはどういうことかを考えてみます。

　2章「NDC の構成と概説」では，NDC を構成する本表や補助表などの部分について個別に解説しています。

　3章「NDC の使い方」では，NDC の基本的な使い方の原則を解説しています。

　4章「各類解説」は，0類から9類までのそれぞれの類について，その特徴や注意点を挙げてあります。

　Ⅱ部は実践編です。NDC を実際に使用して分類記号を付与する場面を想定して解説しています。

　1章「主題の捉え方」では，分類記号を付与する前の段階として，その図書の主題が何であるかを考える場面について解説しています。

　2章「実務上の注意点」では，NDC の問題ではありませんが，分類の実務を行う上で重要な注意点を挙げています。

　3章「応用例題と解説」では，具体的な図書を題材にして，その分類記号を考えていきます。取り上げた図書は全分野のほんの一部に過ぎませんので，図書館によっては普段なじみのない分野があったり，知りたい分野の説明がなかったりすることと思います。しかし，NDC の考え方はどの分野でも共通のものですので，その考え

方を理解するようにしてください。

　また，本文でも述べるように分類記号は唯一絶対のものが常にあるというわけではありませんので，必ずこのようにしなければならないということではありません。一つの例として，このような考え方もあるのだと思っていただければ結構です。

　本書の解説は NDC 新訂 10 版を基本としていますが，必要に応じて 8 版や 9 版との相違についても触れていますので，9 版で分類する場合でもこのまま使用することができます。

　文中で NDC の分類記号と項目名を合わせて挙げる場合は，**29 地理．地誌．紀行**のように分類記号と項目名をゴシック体にしました。

　なお，例えば 291 の NDC 本表における項目名は「日本」ですが，項目名のままに **291 日本**とすると，これが日本の地理の記号であることがわかりませんので，**291 日本の地理**のように適宜語句を補ったり，長い項目名を一部省略しているところがあります。そのため NDC 本表の項目名とは必ずしも同一でないところがあります。

　文中の「6 版」「7 版」「8 版」「9 版」「10 版」は NDC の版次を指します。

　Ⅱ部 3 章の課題の図書の目次と説明文は，Cinii Books，Amazon，紀伊國屋書店のサイトから引用しました。

I 部
基礎編

1章　分類とは
2章　NDC の構成と概説
3章　NDC の使い方
4章　各類解説

1章　分類とは

　ふだん私たちは，何かを整理するため，つまり収納したり，並べたりするために，何らかの基準で仕分けたり位置や並び順を決めるということを日常的に，ほとんど無意識のうちに行っています。

　冷蔵庫の中や食器棚，クローゼット，パソコンのフォルダなどを思い浮かべると，なんとなく出し入れしているものでも，ある程度の規則性があることがわかると思います（おそらくいちばん重要な規則は，よく使うものは出し入れしやすいところに置く，というものではないでしょうか）。

　自分だけが使う引き出しの中やパソコンのフォルダであれば，数が少ないうちは何となくしまうだけでも何とかなりますが，数が多くなってくると，ある程度の規則性を持たせないと，時間が経つにつれてどこに何を入れたのかがわからなくなってしまいます。さらに他の人と共有するものであれば，その人と共通の基準を決めておかないと，各自が思い思いにしまったのでは他の人はそれを取り出すことができなくなってしまいます。

　このように，何かを分類して整理するということは決して特別なことではなく，誰でも日常的に行っていることなのです。この章では，分類するということについて考えていきます。

1. トランプを分類する

　図1はトランプのカードです。これらのカードを，何でもよいので好きな基準に基づいて分類してみましょう。いくつに分けても構いません。ただし，話を簡単にするためにジョーカーは除いて考えることにします。ざっと思い付くところでは，

a) スーツ（マーク）の形で分ける：ハート，クローバー，ダイヤ，スペード
b) スーツ（マーク）の色で分ける：赤と黒
c) 柄で分ける：絵札と数字札
d) 柄で分ける：180度回転して同じ図柄になるものとそうでないもの
e) 数字で分ける：奇数と偶数とJQK

などが考えられるでしょうか。
　これらはそれぞれのグループに同じ基準を適用したものですが，次のような分け方も考えられます。

f) 数字で分ける'：奇数とそれ以外

　"JQK"の扱いについて，e)では三つのグループの一つとして区分けしました。それに対してf)はあるグループとそれ以外，という分け方になっています。奇数のグループは数字が奇数のもの，それ以外のグループは数字が偶数のものと数字でないもの，という組み合わせになっていて，グループ分けする基準が二つのグループで異なっているのです。冷蔵庫に保管する食品を，冷凍庫に入れるもの，野菜室に入れるもの，それ以外のもの，に分けるのもこれと同

じ原理です。このように,あるものを分類する場合,ある基準に基づいてグループにまとめることもありますし,「それ以外」という基準でまとめることもできます。

このようにトランプ一つを取ってみても,これを分ける基準とし

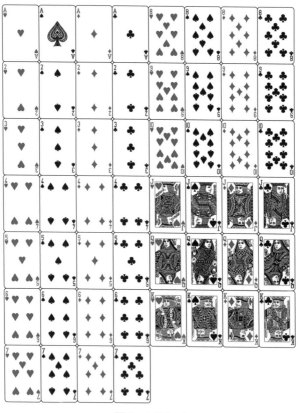

図1 トランプ
(無料素材倶楽部:トランプ. http://sozai.7gates.net/docs/trump/ より)

2. 野菜を分類する | *13*

て，いろいろな区分けのしかたがあり得るということがわかると思います。そしてこれらはいずれの場合でも，ある基準に従えばその区別に迷う余地はありません。つまり，誰が分類しても同じ結果になるのです。

2．野菜を分類する

　こんどは野菜を分類してみましょう。例として次のものを考えてみます。

> きゅうり，トマト，大根，ニンジン，たまねぎ，キャベツ，えのき，モヤシ，ごぼう，ジャガイモ，椎茸，ブロッコリー，セリ，さつまいも，にら

　まずは形で分類すると，

> 丸いもの：トマト，たまねぎ，キャベツ，ジャガイモ
> 細長いもの：きゅうり，大根，ニンジン，えのき，モヤシ，ごぼう，セリ，にら

に分けられそうです。

　しかし，椎茸，ブロッコリー，さつまいもはどちらとも言えませんし，特に共通の特徴が思い浮かびませんので，「その他」としてまとめてしまいます。

　次に色で分けてみましょう。

> 赤いもの：トマト，ニンジン，さつまいも
> 緑のもの：きゅうり，キャベツ，ブロッコリー，セリ，にら

14 │ Ⅰ部 1章 分類とは

白いもの（一部茶）：大根，たまねぎ，えのき，モヤシ，ジャガイモ，
椎茸
茶色のもの：ごぼう

　たまねぎやさつまいもは外側は茶や赤で，中が白です。上では仮
に，食べ（られ）るところの外側の色で分けてみましたが，皮を取
り除いた内側の色で分けることもできるでしょう。その場合は，さ
つまいもやごぼうは白いものに分類することになります。また，キ
ャベツが緑か白かということも，人により判断が分かれるのではな
いでしょうか。

　このように，色で分けるという分類の基準を設けただけではその
区分が明確ではなく，どこの色に注目するのかとか，曖昧なものを
どうするかをあらかじめ決めておかなければならないこともありま
す。そうしないと，分類する人により違うところに注目したり，同
じ人でもその時によって異なる区分になったりする恐れがあります。

　では植物学的な分類ではどうなるでしょうか。

アブラナ科：大根，キャベツ，ブロッコリー
セリ科：ニンジン，セリ
ユリ科：たまねぎ，にら
キシメジ科：えのき，椎茸
ウリ科：きゅうり
マメ科：モヤシ
キク科：ごぼう
ナス科：トマト，ジャガイモ
ヒルガオ科：さつまいも

（『世界大百科事典』（平凡社，2007）を参考に作成）

2. 野菜を分類する | 15

　このうち，ナス科とヒルガオ科はともにナス目というグループの一部です。ですから，

```
ナス目
    -ナス科
    -ヒルガオ科
```

のように分類することもできます。

　このように，単にグループ分けするだけでなく，あるグループをさらに細かく分けることもできます。このような場合，その分類は階層構造になっているといいます。

　食用にする部分によって分類することもできます。

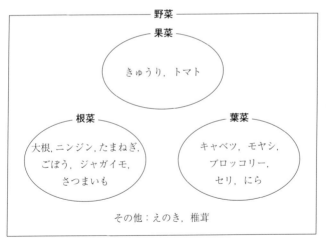

図2 野菜の分類

```
果菜：きゅうり，トマト
```

16 | I部 1章 分類とは

> 根菜：大根，ニンジン，たまねぎ，ごぼう，ジャガイモ，さつまいも
> 葉菜：キャベツ，モヤシ，ブロッコリー，セリ，にら
> その他：えのき，椎茸

(同前)

　芋類は根菜とし，えのきや椎茸は厳密には菌類ですのでその他としました。

　食べるという点では，何の料理に使用するか，という観点から分類することも可能です。

> カレーの材料：ニンジン，たまねぎ，ジャガイモ
> 豚汁の材料：大根，ニンジン，たまねぎ，ごぼう
> サラダの材料：きゅうり，トマト，キャベツ，ブロッコリー，(大根，ニンジン，たまねぎ)
> その他

　ニンジンやたまねぎはカレーの材料としても使えますし，豚汁の材料としても使えます。さらに細切りにしてサラダに入れることもできます。この場合は，一つの野菜が複数のグループに属することになります。もし野菜売り場をメニュー別に区分けするのであれば，ニンジンやたまねぎはカレーのコーナーと豚汁のコーナーとサラダのコーナーそれぞれに置くことになります。このように，分類したからといって，一つのものが一つの場所だけに位置するとは限りません。どちらにも属する，という分類のしかたもあるのです。

　保存することを考えると，冷蔵庫に入れる必要があるかどうかも重要な要素です。上に挙げたものでは，

2. 野菜を分類する | *17*

冷蔵庫に入れるもの：モヤシ
冷蔵庫に入れないもの：たまねぎ，ごぼう，ジャガイモ，さつまいも
どちらでもよいもの：きゅうり，トマト，大根，ニンジン，キャベツ，
えのき，椎茸，ブロッコリー，セリ，にら

のようになるでしょう。

　先にトランプを分類するときに挙げた分類方法は基準が明確なので誰がいつ分類しても同じ結果になりますが，上で見たように野菜を分類する方法では必ずしも明確でないこともあります。そのため，色で分類する場合は野菜のどこの色を見るのか，とか，冷蔵庫に入れても入れなくてもよい野菜をどちらに置くか，など，分類する基準だけでなく，分ける基準や指針を明確にしておく必要があるのです。

　次に，分類した野菜を整理することを考えてみましょう。ここでは果菜，根菜，葉菜に分類する場合を例にとります。

---

1) それぞれの野菜に果菜，根菜，葉菜というラベルを貼る。
2) 果菜置き場，根菜置き場，葉菜置き場を作って，それぞれのグループの野菜をそこに置く。

---

　1)だけの場合は，すべての野菜が同じ場所にまとめて置いてありますが，それぞれにどの種類かがわかるラベルが貼られていることになります。

　2)だけの場合は，野菜そのものには印はありませんが，置いてある場所でそれがどの種類なのかがわかります。

　1)と2)の両方を使えば，置き場所からも，野菜のラベルを見ても，その野菜の種類がわかります。万が一，ある野菜が別の置き場に間

18 | I部 1章 分類とは

違って置かれたとしても，それが誤りであることがわかるようになります。

こんどはこれらの野菜を並べて表示することを考えてみましょう。データベースに入力したデータを表示する場合，野菜の名前順に表示したのでは文字コードの順に表示されてしまい，せっかく分類した野菜が意味のある順には並びません。意味のある順に表示させるためにはあらかじめそのための記号を付与しておく必要があります。

例えば，すべての野菜に通し番号を振れば，常にその順番で表示することができるようになります。

果菜：1 きゅうり，2 トマト
根菜：3 大根，4 ニンジン，5 たまねぎ，6 ごぼう，7 ジャガイモ，8 さつまいも
葉菜：9 キャベツ，10 ブロッコリー，11 モヤシ，12 セリ，13 にら

しかし，これではニンジンがどのグループに属するのかが，番号を見ただけではわかりません。しかもどこかに別の野菜を追加するときは，それ以降の野菜の番号を順次振り直さなければなりません。

そこでまずグループに番号を振り，さらにそれぞれの野菜には枝番を振ってみます。

---

1 果菜：1-1 きゅうり，1-2 トマト
2 根菜：2-1 大根，2-2 ニンジン，2-3 たまねぎ，2-4 ごぼう，2-5 ジャガイモ，2-6 さつまいも
3 葉菜：3-1 キャベツ，3-2 ブロッコリー，3-3 モヤシ，3-4 セリ，3-5 にら

こうすればそれぞれの番号を見ただけで，それが果菜なのか根菜

なのか葉菜なのかがわかりますし，番号順に並べればすべての野菜が種類別に常に一定の順序で並ぶことになります。新たな野菜を追加する場合でも，それぞれのグループの中で枝番を増やすだけで済みます。

　この記号を見やすいように構造化して並べると次のようになります（えのきと椎茸も一覧に入れますが，いずれでもありませんので0番とします）。

---

0 その他
　　　　-1 えのき
　　　　-2 椎茸
1 果菜
　　　　-1 きゅうり
　　　　-2 トマト
2 根菜
　　　　-1 大根
　　　　-2 ニンジン
　　　　-3 たまねぎ
　　　　-4 ごぼう
　　　　-5 ジャガイモ
　　　　-6 さつまいも
3 葉菜
　　　　-1 キャベツ
　　　　-2 ブロッコリー
　　　　-3 モヤシ
　　　　-4 セリ
　　　　-5 にら

　これから詳しく見ていくように，NDC の表もこれと同じ構造に

なっています。

3．本を分類する

（1）外観

　それでは本の場合はどのような基準で分類することができるでしょうか。

　まずは外観に注目してみましょう。その場合は，大きさ，重さ，形などが考えられます。

　本を書棚に並べることを考えると，画集など大型の本と文庫本など小型の本を混在して配架するのはスペースの無駄です。書棚の段の高さはその段に置く本の中でいちばん高いものに合わせる必要がありますから，１冊でも大型の本がある場合には，その他の本がすべて小型であっても，大型の本に合わせた高さにする必要があるのです。そのため，一般的に大型の本は大型の本だけを集めて専用の棚を設けることが行われています。逆に小型の本については，新書や文庫のコーナーを設けたり，さらに小さい豆本を専用のケースに入れて保管したり展示したりするということがあります。

　大きさに比べると，重さで本を分類することはあまり行われていないように思われますが，特別に重い本の場合は，書棚の上の方には置かず，いちばん下の段に置いたり書庫に別置したりすることがあります。

　形が特別なものを別置することもあります。例えば，江戸時代に一般的だった和装本は表紙が比較的薄くて柔らかいため，書棚に立てて置くのには不向きです。そのため和装本は専用の棚に平積みにして置いておくということがよく行われています。また，一枚もの

の地図なども別途専用の引き出しに入れて管理することが多いのではないでしょうか。

一般の図書と点字資料も分けて管理することがほとんどだと思われます。

他にも，表紙の色や本の厚さで分類することなども可能ですが，そうするメリットがありませんので実際には行われていないでしょう。

（2）内容

次に，書かれている内容に注目してみましょう。

まず，対象読者で分けることができます。幼児向け，児童向けなどの年齢や，女性向けなど性別を意識した本や，特定の職業に従事している人を対象にしたものもあります。

主題で分けることもできます。主題というのは，その本が何について書かれている本なのか，というものです。『経済学概論』という本の「経済学」，『微積分入門』という本の「微分」や「積分」，『福翁自伝』の福沢諭吉，などです。

ある主題について，その歴史を論じたものや，統計的に分析したものなど，論述方法や研究方法による側面もあります。これらは，例えば何かの歴史を論じたものとしてすべてをまとめることもできますし，それぞれの主題の下に，その歴史を論じたものとして振り分けることもできます。

次に，出版形式で分けることもできます。一冊で独立している単行書や複数の巻に分冊されているもの，継続して刊行されるシリーズもの，雑誌や年鑑のように定期的に刊行される逐次刊行物もあります。実際には，複数の巻に分冊になっているかどうかは分類の基

準とはならないでしょうが，シリーズや雑誌をまとめて置くことはよく行われています。

　また，官公庁が出版する政府刊行物を別置することもありますし，公共図書館ではその地域の郷土資料を別置することも一般的です。

　資料の構成に関する形式もあります。一つの作品が一冊になっているものや，いくつかの独立した作品や論文を集めて一冊にしたものもあります。

　表現方法で分けることもできます。文章による記述や漫画によるもの，同じ文章でも，論説文やエッセー風，小説，対話形式などがあります。

　本を分類・配架する際にはこれらの分け方を，一般の利用者が直感的にわかりやすいように複合的に組み合わせて行います。

　書店では大まかに分野で書棚を分けていますが，その中をさらに，文学は書名や作者の五十音順に並べたり，あるいは経済学の中をマクロ経済学，ミクロ経済学，経済学史，世界経済，経営学といった分野で分けたりしています。また，写真集や受験参考書などの形式で分ける分野もあります。

　このように書店の場合は担当の書店員がそのつど配架場所を判断しますので，同じような内容を集めて，直感的にわかりやすいところに配架しています。さらに必要に応じて見出しを付けて，初めての客でも迷わないように配慮されています。

　図書館の場合は，たいていは担当者がそのつど判断するのではなく，あらかじめ記号を決めておいて，その記号によって配架場所が自動的に決まるようにしています（「2．野菜を分類する」の1）と2）の両方のパターンです）。これにより，誰が配架しても常に同じ並びになるため，慣れない利用者でも確実にその位置にあることが

わかるようになっています。そのための記号が請求記号で，分類記号はその構成要素の一つとして使用されています。

　しかし NDC は，基本的には書架に本を並べるための記号であるため，背のラベルに記入することを考えて桁数が長くなりすぎないようになっています。そのため内容を十分に反映させることができないところもあります。例えば，パソコンの OS（オペレーティング・システム）はどれも同じ 007.634 を使いますので，Windowsと Linux と UNIX と Mac OS を区別することができません。また，ビザンツ帝国とサラセン帝国もともに 209.4（世界史の中世）になってしまいます。この点では，書店での本の並びの方がわかりやすいし便利です。書店では Windows と Mac OS を区別なく並べることはあまりしないと思います。しかし，このような問題があるにもかかわらず，その本があるべき場所が誰にでも確実にわかるというのは極めて重要な利点であり，多くの図書館で NDC などの分類表が使用されている理由の一つです。

4．書誌分類と書架分類

　本をどこに置くか，という記号は分類の中でも書架分類と呼ばれています。それに対してタイトルや出版者（本を出版するのは会社だけでなく，団体や個人のこともありますので，図書館の世界では出版者と表記します）などと同じく書誌情報として，その本の内容を表すために書誌レコードなどに記入する分類を書誌分類といいます。

　この二つは必ずしも別の記号である必要はないのですが，書架分類では請求記号ラベルに記入するために桁数を短くしなければなら

ない場合でも，書誌分類ではさらに詳しく長い桁数で記入することができます。また，書架分類は物理的にその本を置く位置を決めるものですから1冊の本には一つの記号しか付与できませんが，書誌分類では複数の分類記号を付与することができます。

書誌分類は書誌情報としてその資料の主題や内容を表しますので，書誌分類を記録しておくことで，資料の主題や内容によりその書誌レコードを検索したり表示したりすることが可能となるのです。

書誌分類を記録するのは図書館の目録だけではありません。図3は紀伊國屋書店のオンライン書店の書誌データです。書誌情報の下部にNDC分類が記入されていて，詳細検索画面から検索できるようになっています。その本のタイトルに検索に必要な情報が含まれていればタイトル検索でもよいのですが，必要な語句がタイトルに含まれない資料でもNDCなら本の内容によって検索できるので大変便利です。

図3 紀伊國屋書店WEB
(紀伊國屋書店ウェブストア．https://www.kinokuniya.co.jp　より)

４．書誌分類と書架分類 | *25*

　図書館の目録はもともとはその図書館で所蔵している資料の一覧であり，蔵書を管理するためのものでした。その後利用者がその図書館の蔵書を探すためにも使用されるようになりました。そのため始めはそれぞれの図書館で別々に目録を作成していたのですが，同じ本なら書誌情報は同じものになりますので，一つの書誌情報を複数の図書館で利用するようになってきています。さらに，2012 年に新しい目録規則である "RDA: Resource Description and Access"[1] が公開されたことで，書誌レコードの役割が大きく変わろうとしています。単に図書館の蔵書を管理するだけでなく，インターネット上の情報も含め，博物館や文書館などにある資料も合わせて，必要な情報とそれに関連する情報にアクセスするためのツールへと変わろうとしているのです。このとき，タイトルなど書誌レコードに含まれる単語で検索するだけでなく，主題で検索することができれば，より効率的に必要とする内容を持つ情報資源を検索することができるようになるのです。

　いままでは情報資源として紙の本が重要な位置を占めていましたが，現在では本はインターネットで公開されている文書や動画を始めとして，DVD-ROM などさまざまなメディアで刊行されている情報資源のうちの一つに過ぎないという位置づけになっています。そこでこれからは図書館の蔵書だけでなく，さまざまな情報資源にアクセスするためのツールが必要になってきているのです。その際の検索手段として，NDC のような分類記号や件名標目といった主題による検索手段が充実していくことが求められています。

　かつて，図書館の蔵書が閉架式で図書の出し入れを図書館員が行

1：RDA: Resource Description and Access. http://access.rdatoolkit.org/

っていた時代には，図書の置き場所や並び順は重要ではありません
でした。そのため，大きさごとに書架を分けたり，受け入れた順に
並べることもあったようです。その後利用者が直接図書を探せるよ
うに開架式が主流になると，利用者にとってわかりやすい順に並べ
る必要が出てきました。ところが近年では配架スペースの削減のた
め，図書は再び自動書庫などの閉架書庫へと移りつつあります。ま
た，複数の図書館で分担して収集するということも行われています。
そうなると図書の並び順を決定するための請求記号（書架分類）は
重要ではなくなってきますが，他方で資料を検索するための分類記
号（書誌分類）は逆にその重要性を増してきます。これは図書館の
資料に限ったことではなく，インターネット上の情報資源も世界各
地のサーバーに分散して置かれていて，これらを並べて整理するこ
とは不可能ですし無意味ですが，これらを効率的に検索したり，そ
の結果をわかりやすく表示したりする必要があります。そのために，
図書館の資料を整理するための技術がインターネット上の情報資源
にも活用されることが期待されます。

　したがって，NDC は図書館で本を並べたり探したりするためだ
けのものではなく，広く情報資源を検索・整理するためのツールと
なる可能性を持っているのです。

5．NDC の場合

　NDC は，先に「3．本の場合」で見た本を分類する区分のうち，
内容（主題や形式）によって分類するための基準で，大きさなど外
見の要素は考慮されません。これまでにトランプや野菜や本を分類
する場合の基準がさまざまであることを見てきましたが，その基準

の一つとして NDC という分類表が使われているのです。

　NDC を使用する利点は大きく二つ挙げられます。一つは，図書館ごとに分類基準を作成する必要がないため，作業効率が向上することです。知識の宇宙を網羅する出版物を分類するためには，なるべく意味のある，体系的な分類の基準を設ける必要がありますが，これをそれぞれの図書館ごとに考えていくのは無駄なことです。既存の分類体系を使用することで，分類体系そのものを検討する時間と労力を削減できるのです。もう一つは，複数の図書館で同じ基準を使用することにより，それらの図書館では基本的に同じ分類記号が付与されるため，利用者にとっても資料を探しやすくなることです。例えば，経済学が NDC では 331 であることを知っていれば，NDC 分類を採用しているどの図書館に行っても，331 のところを探せば経済学の本を見つけることができるのです。そのため，一般的な蔵書構成を持つ図書館ではなるべく標準的な分類基準を採用したほうがよいのです。

　NDC は，最初はもり・きよし個人の著作でしたが，戦後は日本図書館協会が編集・発行しています。1950 年に 6 版，1962 年に 7 版，1978 年に 8 版，1995 年に 9 版，2015 年に 10 版が刊行されました（戦後のものには版表示の前に「新訂」の語が付けられていますが，本書では省略しています）。

　十進分類法ですから，使用する記号は 0〜9 の数字と区切りのピリオドのみで，原則として桁によって階層構造を表します。

　はじめに知識の宇宙を 1〜9 に分け，いずれにも属さないものや総合的なものを 0 とします。こうして分けた 0〜9 のそれぞれについても，さらに 1〜9 と 0 に分けていきます。

　このように分けていくことで，例えば素粒子は，

28 | I部　1章　分類とは

4　自然科学

42　　物理学

429　　　原子物理学

429.6　　　　素粒子

という階層構造になりますので，この素粒子が物理学の一部である
ということが一目瞭然になるという特徴があります（表の内容は次
の2章で詳しく解説します）。

　数字の構成がこのように左から右へと進みますので，NDCにお
いて「一桁目」は，一番左の桁（上の例では4）を指します。これ
以降も「二桁目」は左から2番目（上の例では2），「三桁目」は左
から3番目（上の例では9）を指します。

　実際に分類記号として使用する場合は，三桁に満たない場合は右
側に0を付加して三桁になるようにします。上の例では，自然科学
は400，物理学は420とします。逆に三桁以上の場合は，読みやす
いように最初の三桁の後ろに「.」（ピリオド）を入れます。上の
例で素粒子の「429.6」にピリオドがあるのがこの例で，意味の区
切りには関係なく，常に三桁目と四桁目の間（だけ）に挿入します。

　十進という語が使われていますが，10になったら位が上がる，
という意味での十進ではありません。**429原子物理学**に1増えたら
430化学になるという意味ではなく，これらの間には隣接する分野
という以上の意味はありません。つまり，429の4は400ではなく
単なる4であり，2は20ではなく2という記号を置いてあるに過
ぎません。先に野菜を分類した際に，きゅうりに1を，トマトに2
を振ったのと同じように，単に記号を付与しただけです。したがっ
て，429.6は「ヨンヒャクニジュウキュウ・テン・ロク」ではなく

「ヨン・ニ・キュウ・テン・ロク」と読みます（「ヨンヒャクニジュウキュウ・テン・ロク」は，100 が四つと 10 が二つと 9 と 0.1 が六つ，という意味ですので，十進分類記号の 429.6 とは意味が異なります）。

　しかし，並べるためには，通常の数字と同様に 0 から 9 の順に並べていきます。誰が並べても同じ並びになりますし，一目瞭然であるという長所があります。LCC（米国議会図書館分類表，Library of Congress Classification）や UDC（国際十進分類法，Universal Decimal Classification）など他の分類法では数字以外にアルファベットや記号を使用するものもありますが，この，使用する記号が少ないことも NDC の特徴の一つです。

2章　NDC の構成と概説

1．全体の構成

　NDC は 8 版までは全 1 冊でしたが，9 版と 10 版は 2 分冊で刊行されています（6 版も 3 刷までは 2 分冊でした）。9 版は本表編と一般補助表・相関索引編，10 版は本表・補助表編と相関索引・使用法編の 2 冊です。

図4　NDC 各版
▶左から，7 版，8 版，9 版（2 分冊），10 版（2 分冊）

　本表は NDC の核となる十進分類記号が列挙された表で，補助表というのは，本表で区分した分類記号に付加して使用する記号表で

す。本表の記号に対して補助的に使用するので補助表という名称になっています。

　本表や補助表が記号の数字順に並べられているのに対して，相関索引はその記号をふだん私たちが使用している語句から検索できるように，項目の五十音順に並べたものです。

　本表と補助表はいずれも十進分類の記号そのものが書かれた表であり，相関索引はこの記号を探す際に参照するツールですので，10版で本表と補助表が同じ巻になって使いやすくなりました。

　この他に，通常はNDCの表の一部とはみなされてはいませんが重要な表として，正誤表と補遺（9版）があります。書誌的には「版」は内容に変更があったことを示し，「刷」は内容に変更がないものを指すとされていますが，実際には増刷に際して誤字の修正やデータの差し替えや更新が行われることも多いのです。NDCは増刷にあたって頻繁に訂正を加えて来ていますので，自分が使用している分類表については，その刷が出版された後に加えられた修正点を自分で反映させる必要があります。

　また9版では刊行後の大きな変更点が「補遺」として公開されていますので，これらを採用するかどうかを図書館として決定しなければなりません。

　それではこれらの表について順に詳しく見ていきましょう。

2．本表

（1）類目表―綱目表―要目表―細目表

　本表は，区分する段階によって，情報の世界を1から9と0の10種類に分類する第1次区分表（類目表），100種類に分類する第

32 ｜ I部 2章 NDCの構成と概説

2次区分表（綱目表），1,000種類に分類する第3次区分表（要目表）
（凡例あり），そして最も詳しい細目表（凡例あり）が用意されてい

第1次区分表（類目表）

0 **総　記**　General works
（情報学，図書館，図書，百科事典，一般論文集，逐次刊行物，団体，ジャーナリズム，叢書）

1 **哲　学**　Philosophy
（哲学，心理学，倫理学，宗教）

2 **歴　史**　History
（歴史，伝記，地理）

3 **社会科学**　Social sciences
（政治，法律，経済，統計，社会，教育，風俗習慣，国防）

4 **自然科学**　Natural sciences
（数学，理学，医学）

5 **技　術**　Technology
（工学，工業，家政学）

6 **産　業**　Industry
（農林水産業，商業，運輸，通信）

7 **芸　術**　The arts
（美術，音楽，演劇，スポーツ，諸芸，娯楽）

8 **言　語**　Language

9 **文　学**　Literature

図5　第1次区分表
（『日本十進分類法新訂10版　本表・補助表編』p.45）

第2次区分表（綱目表）

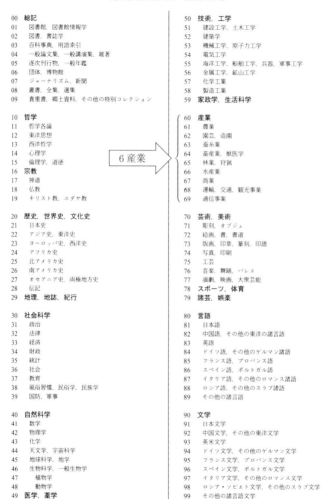

図6　第2次区分表
(『日本十進分類法新訂10版　本表・補助表編』p.47)

34 | Ⅰ部　2章　NDC の構成と概説

ます。

　第1次区分（類目表）は情報の世界を1〜9と0に分類します（図5）。

　第1次区分で0〜9に分けたそれぞれについて，さらに1〜9と0に分けたものが第2次区分（綱目表）です（図6）。

　例えば，**6 産業**が**61 農業**から**69 通信事業**と**60 産業**に区分されています。

　そして第2次区分で分けたそれぞれについて，さらに1〜9と0に分けたものが第3次区分です。

　図7は第2次区分の**60 産業**から**69 通信事業**までのそれぞれをさらに1〜9と0に区分した第3次区分（部分）です。

　第3次区分をさらに細かく区分したのが細目表です。

　例えば，**610 農業**のところは図8のようになっています。

　細目表は，三桁の第3次区分（要目）の下に，細目を列挙する形式になっています。このとき細目のうちの要目の部分（先頭の三桁）は省略されていますので，適宜すぐ上の要目を確認して完全な桁に戻して使用します。例えば，図8では**610 農業**の下に **.1 農学. 農業技術**とありますので，農業技術の記号は610と .1 をつなげて610.1 とします。

　公共図書館などでは第3次区分表を使用して分類記号を三桁に統一して付与しているところもありますが，大学図書館では（最長で何桁まで使用するかは図書館により異なりますが）いちばん詳しい細目表を使用しているところがほとんどだと思われます。

　第1次区分は一桁の数字を使用します。例えば，哲学は1，歴史学は2です。第2次区分や第3次区分および細目表ではこれらの後ろに0が付加されて「10」や「100」のように二桁や三桁に揃えら

2. 本表 | 35

図7 第3次区分表（部分）
(『日本十進分類法新訂10版 本表・補助表編』p.59)

36 | I部 2章 NDCの構成と概説

610		産　業

〈610／660　農林水産業〉
　　　　＊農林水産業全般に関するものは，610の下に収める

〈610／650　農　林　業〉

610　　農　　業　Agriculture
　　.1　　農学，農業技術
　　.12　　農学史，農業技術史・事情
　　　　　　＊地理区分
　　.19　　農業数学，農業統計学，農業センサス
　　　　　　＊ここには，理論を収める
　　　　　　＊農業年次統計→610.59
　　　［.2→612］
　　.6　　団体：学会，協会，会議　→：611.6
　　.69　　共進会，品評会
　　.7　　研究法，指導法，農業教育
　　.76　　農業研究所・試験場

611　　農業経済・行政・経営　Agricultural economy and management
　　　　＊一地域の農業経済・行政・経営も，ここに収める　例：611.2302134埼玉県農地改
　　　　革史；ただし，近世以前の農業経済・行政・経営は，611.2／.29と611.39を除き612
　　　　の下に収める
　　.1　　農業政策・行政・法令，農政学
　　.12　　農　業　法
　　.13　　農業委員会
　　　　　　＊各地域の農業会議も，ここに収める
　　.15　　農村計画，農村改良，農村更生
　　　　　　＊地理区分
　　.16　　農業用資材
　　.17　　農村自治，土地改良区
　　.18　　農業財政，農業助成金
　　.2　　農用地，農地，土地制度［農地制度］　→：324.33；331.83；334.6
　　.21　　地　代　論　→：331.85
　　.22　　土地制度史・事情　→：322
　　　　　　＊地理区分
　　　　　　＊特定地域の農地利用は，ここに収める
　　.23　　土地政策，農地改革，農地法
　　.24　　開　　拓　→：614.5
　　　　　　＊地理区分
　　.26　　小作問題，小作料
　　.28　　農地価格
　　.29　　水利問題　→：324.29；517.6；614.3
　　.3　　食糧問題，食糧経済　→：334.39

図8　細目表（部分）
（『日本十進分類法新訂10版　本表・補助表編』p.330）

れていますが，これは単に桁数を揃えたものか，もしくは総合的な
ものや 1 から 9 に区分できないものを分類するための 0 が付加され
たものです。したがって，哲学そのものの記号は「100」ではなく
「1」であり，同様に農業は「610」ではなく「61」です。

　第 2 次区分は二桁の数字を使用します。例えば，**6 産業**をさらに
詳しく，**61 農業**，**62 園芸**のように区分します。第 3 次区分は三桁で，
611 農業経済，**612 農業史・事情**のようになります。細目表になる
と，**611.1 農業政策**，**611.13 農業委員会**のようにさらに詳しく区分
することができるようになります。

（2）8 版，9 版，10 版

　NDC は改訂に際して前の版との連続性を意識していることもあり，
8 版，9 版，10 版はそれほど大きな違いはないと言ってよいでしょう。
一部の記号が新設されたり移動されたものもありますが，全体の体
系は変わりませんし，個別の記号も変わらないものの方が圧倒的に
多数です。そのため，一部に新しい版の記号を採り入れつつも，現
在でも 8 版や 7 版を使用しているところもあるようです。

　9 版や 10 版で追加された記号については，NDC 本表ではその右
肩に上付きの「＋」が付けられてそれとわかるようになっています。
逆に，直前の版にあって 9 版や 10 版で削除された記号については，
全体が（　）で括られています。

　図 9 は，**645 家畜．畜産動物．愛玩動物**の部分です。10 版では
新たに **.92**，**.93**，**.96** が追加され，9 版にあった **.99 その他の有用動
物とその利用**が削除された（使用できない）ことを表しています。

38 | Ⅰ部 2章 NDC の構成と概説

.9　愛玩動物［ペット］
　　　＊ここには愛玩動物〈一般〉を収め, 645.2／.8に関するものは, 各々の下に収める
　　　＊ペットビジネス〈一般〉, ペット用品〈一般〉は, ここに収める
　　　＊観賞魚→666.9；小鳥, 飼鳥→646.8；昆虫→646.98；水生生物→666.9；両生類,
　　　　爬虫類→666.79
.92⁺　愛玩動物の繁殖・育種
.93⁺　愛玩動物の食餌・給餌法
　　　　＊ペットフード〈一般〉は, ここに収める
.96⁺　愛玩動物の病気と手当
　　　　＊別法：649
（.99　その他の有用動物とその利用：らくだ, ぞう, さる, くま, ミンク　→645.8）

図9　645 家畜. 畜産動物. 愛玩動物（部分）
（『日本十進分類法新訂10版　本表・補助表編』p.344）

（3） 凡例

　以前の版との相違を表す記号を見たところで, NDC で使用されている記号をまとめておきましょう。

①　⁺, （ ）

　上付きの「⁺」は新たに追加になった項目で,（ ）は削除になった項目です（前述）。

②　→, →：

　→は, 「を見よ参照」で, その記号は使用せずに, かわりに矢印の先の記号を使用するという意味です。

　→：は, 「をも見よ参照」です。その記号でもよいかもしれないが, 他の記号に分類する可能性もあるのでそちら「も」確認するように, という指示です。

③　［ ］

　［ ］は, 分類記号のみに使われている場合は, 通常は使用せず, →の先を使用しますが, 別法としてその記号を使用してもよい, というしるしです。

　　　　　　　　　　　　　　　　　　　　2. 本表 ｜ *39*

　項目名の一部に使用されている場合は，同義語や類義語です。
項目全体にある場合は，その記号を使用しないというしるしです。

④　:

　:は項目名の後ろに続けて，その項目の細目を列挙する場合に
区切り記号として使用されます。

⑤　＊

　＊は注で，注意すべき点を明記しています。

　「＊別法:」とあるものは別の選択肢で，図書館の判断でこの
記号を使用してもよい，という表示です。特に不都合がなければ
本則を使用する方がNDCの体系にかなうのですが，図書館の都
合で別法を採用する方が望ましいと判断される場合にはこちらの
記号を使用することも選択肢として考えられます。

⑥　／，〈 〉

　／は範囲を，〈 〉は中間見出しを表します。

以下にこれらの記号が実際のNDCの表でどのように使われてい
るかを見ていきましょう。次ページの図10は細目表の**464 生化学**
の部分です。

　[1]　分類記号のみに使われている ［ ］ と→の例

　464.6 アルカロイドは通常は使用せず，→の先にある471.4に
分類しますが，別法として464.6に分類することも可能です。

　[2]　→:（をも見よ参照）の例

　生化学としての酵素は464.5に分類しますが，天然物質の化学
にも酵素がありますので，→:439.8という「をも見よ参照」を
付けて参照するように指示しています。

　[3]　項目名の一部に使用されている ［ ］ の例

40 | I部 2章 NDCの構成と概説

その **.6 アルカロイド** の後ろの ［植物塩基］ が ［ ］ で括られているのは，これがアルカロイドの同義語であることを示しています。

```
464    生 化 学  Biochemistry  →：439；471.4；481.4；491.4；579.9；613.3
  .1    分子生物学．放射線生物学
  .2    蛋 白 質  →：439.4
  .25      アミノ酸．ペプチド
  .26      コラーゲン
  .27    核酸：RNA，DNA
  .3    糖質．炭水化物  →：439.1
  .4    脂質．リポイド ［糖脂質］  →：439.2
  .5    酵    素  →：439.8
          ＊生体触媒は，ここに収める
  .55    ホルモン
  .57    ビタミン  →：439.7
 ［.6］   アルカロイド ［植物塩基］  →471.4
  .7    その他の有機成分  →：439.5
          カロチノイド，天然色素，芳香物質
  .8    無機成分
  .9    生物物理学
```

図10 464 生化学
（『日本十進分類法新訂10版 本表・補助表編』p.232）

④ 項目全体にある ［ ］ の例

図11の **420 物理学** では，420.1は使用せず，421とします。421も ［ ］ の中にありますが，421を使用しないという意味ではありません（その421は理論物理学としてすぐ下に項目が立てられています）。

⑤ ：細目列挙の例

図10に **.27 核酸：RNA，DNA** とあるのは，.27に分類するのは核酸という項目であり，その核酸にはRNAやDNAがある，

ということを表しています。

```
420    物 理 学  Physics  →：501.2；592.2；613.2
              ＊各種の応用物理学は，関連主題の下に収める  例：501.2工業物理学，613.2農業物
              理学
       ［.1→421］
   .7    研究法．指導法．物理学教育
   .75   物理実験法［実験物理学］
              方法，操作，器具，測定，単位，定数，ディメンション

421    理論物理学  Theoretical physics
   .1    基礎理論．エーテル理論
   .2    相対性理論  →：429
```

図 11　420 物理学
（『日本十進分類法新訂 10 版　本表・補助表編』p.214）

6　＊注の例

　図 10 の .5 **酵素**のところに，「＊生体触媒は，ここに収める」とあります。NDC としては生体触媒も酵素と同じ記号を使用するということを注で指示しています。

7　＊別法：の例

　図 9 の **.96 愛玩動物の病気と手当**のところに，「＊別法：649」とあります。これは，愛玩動物の病気と手当には 645.96 を使用するのが本則ですが，それぞれの図書館の判断で 649 を使用してもよい，という意味です。

8　／の例

　図 12 は **492 臨床医学**の部分です。.432／.438 は，492.432 から 492.438 までの範囲が各器官の造影法の記号であることを表しています。本表としてはそれぞれの項目は表示されていませんので，使用する際には注に従って自分で作成しなければなりません。

9　〈　〉の例

42 | I部 2章 NDCの構成と概説

　図13も同じく**492臨床医学**の部分です。〈.916／.919〉は,
492.916から492.919が状態別の看護であるという中間見出しです。
492.916から492.919について, それぞれの項目がその下に挙げ
られていますので, この見出しの行がなくても表の構造には影響
はありません。

```
.4      放射線医学　→：427.55；549.96
              ＊核医学は, ここに収める
.42     X線発生装置・測定
.43     X線診断学. X線撮影法・読影法
              ＊各科, 各疾患のX線診断は, 493／497に収める　例：493.455胃癌のレント
                ゲン診断
.432／.438  各器官の造影法
              ＊491.12／.18のように区分　例：492.4345胃のレントゲン診断
.44     X線療法
```

図12　492臨床医学：.4
(『日本十進分類法新訂10版　本表・補助表編』p.255)

```
〈.916／.919　状態別看護〉
.916       救命救急・集中看護. ICU・CCU看護
.9163        手術看護
.9165        麻酔看護
.9169        放射線看護
.917       慢性期疾患看護
.9175        回復期看護. 退院指導
.9179        リハビリテーション看護
.918.      臨死期看護. ターミナルケア. ホスピスケア
.919       外来看護
```

図13　492臨床医学：〈.916／.919〉
(『日本十進分類法新訂10版　本表・補助表編』p.256)

（4）縮約項目

　第2次区分表の**47植物学**と**48動物学**は, **46生物科学. 一般生**

2．本表 | *43*

40　**自然科学**
41　　数学
42　　物理学
43　　化学
44　　天文学．宇宙科学
45　　地球科学．地学
46　　生物科学．一般生物学
47　　　植物学
48　　　動物学
49　**医学．薬学**

図14　40 自然科学
（『日本十進分類法新訂 10 版　本表・補助表編』p.47）

▶植物学と動物学に対して，数字としては生物科学と同
じ桁数（二桁）の記号を付与しているが，実際には生物
科学の下位分野であるので，そのことを示すために字下
げされている。

物学より 1 字分字下げされています（図 14）。植物学と動物学は生
物学の一分野なのですから，本来は **47 植物学**と **48 動物学**は **46 生
物科学．一般生物学**の下位にくるべきなのですが，対象となる項目
が多いために（そして記号の数字に余裕があるために）数字上は別
の綱目として独立させたことを示すものです。つまり，記号として
は 46，47，48 はそれぞれ二桁の記号として同じレベルですが，内
容としては 46 の下に 47 と 48 が位置します。そのことを表すために，
47 植物学と **48 動物学**は **46 生物科学．一般生物学**よりも字下げ
されているのです。このように下位の概念にその上位の概念と同じ桁
数の記号を使用することを縮約項目といい，次に見る不均衡項目と
ともに，十進の数字の構造とそれが表す知識の体系が一致しないパ
ターンです（「縮約」という語は，本来なら下位の概念なのですか
ら桁が増えるはずですが，上位と同じ桁数を使用することで桁を短

44 │ Ⅰ部　2章　NDC の構成と概説

467　遺　伝　学　Genetics. Evolution
　.1　　理論遺伝学．統計遺伝学
　　　　　　　メンデルの法則，ルイセンコの学説
　.2　　実験遺伝学．遺伝子
　　　　　　　＊育種学→615.21；家畜改良学→643.1；優生学→498.2
　.21　　分子遺伝学
　.25　　遺伝子組み換え　→：579.93
　　　　　　　＊遺伝子工学→：579.93
　.3　　細胞遺伝学．性染色体
　　　　　　　性の決定，性の遺伝，ゲノム分析，倍数性，異数性
　.4　　変異：自然変異，人為的変異，突然変異
　.5　進化論：自然淘汰，人為淘汰

図 15　467 遺伝学
（『日本十進分類法新訂 10 版　本表・補助表編』p.233）

く縮めた，という意味です）。

　この縮約項目は細目表にもあります。

　図 15 の .21 と .25 は同じ桁数（二桁）ですが，**467 遺伝学**のところにある **.25 遺伝子組み換え**は **.21 分子遺伝学**の下位の概念なので，.25 は .21 より 1 字分字下げされています。したがって，**467.25 遺伝子組み換え**より 1 段階上位の概念の記号は **467.2 実験遺伝学．遺伝子**ではなく，**467.21 分子遺伝学**です。

（5）不均衡項目

　第 2 次区分表（p.33 図 6）にある **00 総記**，**10 哲学**，**20 歴史**など，左から二桁目が 0 のものは一回り大きい活字のゴシック体で強調されています。しかし，よく見るとそれ以外にも，**16 宗教**，**29 地理．地誌．紀行**，**49 医学．薬学**，**59 家政学．生活科学**，**78 スポーツ．体育**，**79 諸芸．娯楽**が字上げされたうえ，一回り大きい活字のゴ

2. 本表 | *45*

表1 NDC の意味的構造による第1次区分

0	総記
1	哲学
16	宗教
2	歴史
29	地理. 地誌. 紀行
3	社会科学
4	自然科学
49	医学
499	薬学
5	技術. 工学
59	家政学. 生活科学
6	産業
7	芸術. 美術
78	スポーツ. 体育
79	諸芸. 娯楽
8	言語
9	文学

▶本来なら0, 1, 2, 3……と順に振りたいところだが，項目は17
あるのに対して数字は10しかないため，16, 29……といった二桁
の数字も使用している。

シック体になっています。これは，数字の記号としては例えば16
は10の下位に位置する数字ですが，NDCの意味としては**16 宗教**
は**10 哲学**と同じ階層のレベルにあることを表しています。十進分
類で使用する数字は0から9までの10種類しかないのに対して，
知識の分野が10より多いためにこのような構造になっています。
本来なら知識全体を17（499を含む[2]）の分野に分けたいところな
のですが，数字は10種類しかありませんので，やむを得ず16や

29 といった二桁の数字を使用しているのです。このようなケースを不均衡項目といい，第3次区分表や細目表にも見られます。

　例えば，図10（p.40）の**464 生化学**のところでは，**.27 核酸**が**.25 アミノ酸**や**.26 コラーゲン**に比べて1字分字上げされて**.2 蛋白質**と同じ位置に上がっています。数字の記号としては**.27 核酸**は**.2 蛋白質**の下位になりますが，NDCの構造としては蛋白質と核酸は同じレベルであることを表しています。同様に，**.9 生物物理学**も字上げされています。**464 生化学**の下位の数字ですが，NDCとしては生化学と同じレベルです。

　NDCの表は，単に項目とそれに対応する記号が列挙されているだけではなく，体系的な階層構造をもっています。そのため，ある記号がどの記号の上位の概念なのか，また，どの記号の下位の概念なのかを常に意識することが，分類作業にあたって重要であり，効率的でもあります。通常は数字の桁によって階層構造を表しているのですが，ときどき上に見たように数字の階層とは異なる階層をもっていることがあり，それが字上げや字下げで表現されているのです。ですから，単なる見た目の段組みの問題としてではなく，NDCの構造を理解し使いこなすためにも，数字の桁数はもちろん，これら字上げ・字下げにも注意する必要があります。

2：第2次区分表では**40 自然科学**と**49 医学．薬学**が同じレベルで，さらに第3次区分表では**49 医学**と**499 薬学**が同じレベルになっています。したがって，**40 自然科学**と**49 医学**と**499 薬学**はすべて同じレベルであることになります（Ⅰ部4章5．4類参照）。

3．一般補助表

　補助表として，一般補助表と固有補助表があります。本表で決定した記号の後ろに付加して使用するので「補助」表と呼ばれています。固有補助表については次の4節で取り上げることにして，ここではまず一般補助表について見ていきます。

　9版では，一般補助表は「一つの類で共通に使用可能か，部分的であっても二つ以上の類で使用される補助表」（NDC9解説）で，形式区分，地理区分，海洋区分，言語区分，言語共通区分，文学共通区分の6種類がありました。

　10版では，これが「部分的であっても二つ以上の類で使用される補助表」（NDC10序説 2.6.1）に変更になりましたので，言語共通区分（**8言語**でのみ使用）と文学共通区分（**9文学**のみで使用）は固有補助表に移動になり，一般補助表としては形式区分，地理区分，海洋区分，言語区分の4種類になりました。

　いずれにせよ，「一般」という名称ですが，実際には形式区分以外は使用できる類や項目が限られています（地理区分は形式区分の-02を間に挿むことで任意の記号に付加することができます。本章3．一般補助表（2）地理区分参照）。

　これらの補助表に相当する記号の一部はあらかじめ本表に組み込まれているものもありますが，そうでないところについては，必ず使用しなければならないというものではなく，付加することができる，というものです。そのため，実際には補助表を使用しないか，あるいは一部のみ付加するという運用をしている図書館も多いようです。

48 | I部 2章 NDCの構成と概説

I 形式区分 Form division

- −01　理論. 哲学
- −012　　学史. 学説史. 思想史
- −016　　方　法　論
- −019　　数学的・統計学的研究
　　　　　　＊年次統計→−059
- −02　歴史的・地域的論述
　　　　　＊地理区分
- −028　　多数人の伝記
　　　　　　＊3人以上の伝記に，使用する
　　　　　　＊人名辞典→−033；名簿→−035
- −029　　地理学的論述. 立地論
　　　　　　＊特定地域に限定されているものには，−02を使用する
- −03　参考図書［レファレンスブック］
　　　　　＊逐次刊行される参考図書には，この記号を使用する
- −031　　書誌. 文献目録. 索引. 抄録集
- −032　　年　　表
- −033　　辞典. 事典. 引用語辞典. 用語集. 用語索引［コンコーダンス］
　　　　　　＊項目が五十音順など一定の音順に配列されているものに，使用する
- −034　　命名法［命名規則］
- −035　　名簿［ダイレクトリ］. 人名録
　　　　　　＊団体会員名簿→−06；研究調査機関の構成員の名簿→−076，教育・養成機関
　　　　　　　の構成員の名簿→−077
- −036　　便覧. ハンドブック. ポケットブック
- −038　　諸表. 図鑑. 地図. 物品目録［カタログ］
　　　　　　＊文献目録→−031
- −04　論文集. 評論集. 講演集. 会議録
　　　　　＊(1) 非体系的または非網羅的なものに，使用する；体系的または網羅的なものに
　　　　　　は−08を，逐次刊行されるものには−05を使用する；(2) 当該主題を他主題との
　　　　　　関連から扱ったもの，または特定の概念・テーマから扱ったものに，使用する
- −049　　随筆. 雑記
- −05　逐次刊行物：新聞，雑誌，紀要
　　　　　＊逐次刊行される参考図書には，−03を使用する；ただし，逐次刊行される論文集
　　　　　　などには，この記号を使用する
- −059　　年報. 年鑑. 年次統計. 暦書
- −06　団体：学会，協会，会議
　　　　　＊概要，事業報告，会員名簿など，個々の団体自身を扱ったものに，使用する；た
　　　　　　だし，研究調査機関を扱ったものには−076を，教育・養成機関を扱ったものに
　　　　　　は−077を使用する
　　　　　＊会議録，研究報告→−04，−05；紀要→−05

図16a　形式区分その1

−067	企業体．会社誌
−07	研究法．指導法．教育
−075	調査法．審査法．実験法
−076	研究調査機関

＊概要，事業報告，構成員の名簿など，個々の機関自身を扱ったものに，使用する

＊会議録，研究報告→−04，−05；紀要→−05

| −077 | 教育・養成機関 |

＊概要，事業報告，構成員の名簿など，個々の機関自身を扱ったものに，使用する

＊会議録，研究報告→−04，−05；紀要→−05

−078	教科書．問題集
−079	入学・検定・資格試験の案内・問題集・受験参考書
−08	叢書．全集．選集

＊体系的または網羅的なものに，使用する；非体系的または非網羅的なものには，−04を使用する

＊単冊の全集などにも使用する

| −088 | 資　料　集 |

図 16b　形式区分その 2

（図 16ab ともに『日本十進分類法新訂 10 版　本表・補助表編』p.437，438）

（1）形式区分

「形式区分」という名称ですが，必ずしも形式を表すものだけではなく，**−01 理論．哲学**のような方法や，**−06 団体**のように主題を表すものもあります。

原則としてすべての項目について使用することができます。付加する場合は分類記号に直接続けて合成します。

4 科学の分野に形式区分の**−02 歴史的・地域的論述**を付加して分類記号を合成してみましょう。

4 科学　　　　＋　02 歴史　→　402 科学史

45 地学　　　　＋　02 歴史　→　450.2 地学史

453 地震学　　＋　02 歴史　→　453.02 地震学史

50 | Ⅰ部　2章　NDC の構成と概説

453.3 地震観測　＋　02 歴史　→　453.302 地震観測史

(**402 科学史**のように三桁に収まる場合などは，あらかじめ本表の記号として表示されています)。

今度は **498 衛生学**にいろいろな形式区分を付加してみましょう。

498 衛生学　＋　01 理論　　　　→　498.01 衛生学理論
498 衛生学　＋　02 歴史　　　　→　498.02 衛生学史
498 衛生学　＋　033 事典　　　　→　498.033 衛生学事典
498 衛生学　＋　04 論文集　　　→　498.04 衛生学論文集
498 衛生学　＋　05 逐次刊行物　→　498.05 衛生学雑誌
498 衛生学　＋　06 団体　　　　→　498.06 衛生学会
498 衛生学　＋　07 研究法　　　→　498.07 衛生学研究法
498 衛生学　＋　08 叢書　　　　→　498.08 衛生学シリーズ

　ただし，合成した記号とあらかじめ本表に規定されている項目が異なる場合は，本表にある項目を使用しなければなりません。例えば，物理化学実験を表すために，**431 物理化学＋075 実験**で 431.075 という記号を得られますが，本表にあらかじめ **432.4 物理化学実験**という項目がありますので，こちらを使用します。

　また，**610 農業** (p.36 図 8) のところでは形式区分の一部があらかじめ本表に展開されています。そこでは，形式区分としては理論. 哲学の記号である .1 のところに「農学. 農業技術」，学史. 学説史. 思想史の記号である .12 のところに「農学史. 農業技術史・事情」，数学的・統計学的研究である .19 のところには「農業数学. 農業統計学. 農業センサス」などのように，通常の形式区分にはない項目

が表示されています。このように，その箇所だけで追加して使用される形式区分の項目について本表に記載されていることがあります。

a. 0 の挿入と省略

　形式区分は基本的には分類記号にそのまま続けて合成するのですが，一部の項目については形式区分の前に「0」を追加したり，逆に「0」を削除したりすることがあります。

　「0」を追加するのは，本表の記号としてすでに同じ記号が割り当てられている場合です。

　例えば，**21 日本史**に事典の –033 を付加する場合，単純に合成して 210.33 とすると，本表にある **210.33 飛鳥時代**と同じになってしまいます。そこでこれを回避するために，「0」を追加して 210.033 とするのです。

　このように本表の時代区分と重なるのは，**2 歴史**以外にも，**332 経済史**，**362 社会史**，**523 西洋建築**，**702 美術史**，**723 洋画**，**762 音楽史**，**902 文学史**などがあります。

　時代区分だけでなく，**319 外交**，**678.2 貿易史・事情**では，地理区分の後ろに「0」をはさんで相手国を付加することができますので，この場合もこれらの記号と同じになることを避けるために「0」を重ねます。例えば，日本の外交問題の事典の記号のつもりで **319 外交**＋**1 日本**＋**033 事典**→319.1033 としてしまうと，**319 外交**＋**1 日本**＋0（相手国との区切り記号）＋**33 イギリス**として合成した **319.1033 日英関係**と同じになってしまいます。そのため，これと区別するために，「0」を重ねて 319.10033 としなければなりません。

　とはいっても，どの項目で「0」を追加するのかということを，あらかじめ覚えておく必要はありません。記号を合成したときに，本表でそれと同じ記号がすでに規定されているかどうかを確認して，

52 | I 部　2章　NDC の構成と概説

すでに規定されている場合には「0」を重ねればよいのです。

　このように，0 の挿入は本表にすでに規定されている記号と同じになることを避けるためのものですから，すでに規定されている記号がない場合には 0 を挿入する必要はありません。

　例えば，前述のように **21 日本史**に辞典を表す形式区分 –033 を付加する場合には，すでに 210.33 が飛鳥時代の記号として規定されていますので，これと同じにならないように 0 を重ねて 210.033 とするのですが，210.5 日本の近世に形式区分の –033 を付加する場合では，210.5033 という記号はあらかじめ別の意味としては規定されていませんので，これを避けて 210.50033 とする必要はありません。したがって，単に –033 をつなげただけの 210.5033 でよいことになります。

　同様に，**319.1033 日英関係**に形式区分の **–033 事典**を付加するのであれば，「0」を重ねずに 319.1033033 としてよいことになります。なぜなら，この記号は **319.1033 日英関係＋033 事典**（形式区分）以外の組み合わせではあり得ないからです。

　これとは反対に，「0」を省略することもあります。

　例えば，**31 政治**に単純に形式区分を付加すると **31 政治＋01 理論.哲学**→310.1 や，**31 政治＋02 歴史的・地域的論述**→310.2 となりますが，本表に

　310 政治
　　[.1→311]
　　[.2→312]

とありますので，この場合は 310.1 ではなく 311，310.2 ではなく

312 とします（項目全体にある〔　〕は，その記号を使用しないという意味です。本章 2．本表参照）。

なお，同様に 0 を削除する指示として，**161 宗教学．宗教思想**のところには，

161 宗教学．宗教思想
〔.02→161.2〕

とありますが，これはその上位に

160 宗教
〔.1→161〕

とありますので，ここから自動的に

〔.12→161.2〕

となりますので，この注はなくても同じことです（もしこの注がなければ 160＋012→161.02 になるというのであれば，160＋019→161.09 となることになってしまいます。また，**321.2 法学史**や **331.2 経済学説史**なども同じく 320＋.1→321 から 320＋.12→321.2，330＋.1→331 から 330＋.12→331.2 が導かれますが，ここにはこの 0 を削除するという注はありません）。

こちらの「0」を省略するパターンも，本表に指示がある場合にそれに従えばよいだけですので，あらかじめ覚えておく必要はありません。

54 | I 部　2 章　NDC の構成と概説

次にそれぞれの形式区分について，特に注意すべき点を挙げていきます。

b.　-02 歴史的・地域的論述

NDC の第一次区分では歴史も地理も，ともに 2 類として扱います。これと同様に，形式区分でも歴史的な論述と地域的な論述について，ともに -02 を使用します。特に地理学的な論述であることを表す場合には，**-029 地理学的論述．立地論** を使用しますが，これは一般論として地理学的に述べたものに使用するもので，特定の地域についての論述は -02 を使用します。この -02 には「＊地理区分」とありますので，この後ろにさらに次項で見る地理区分を付加することができます。形式区分である -02 はどこにでも付加できますので，こうすることにより基本的にどの分類記号についても，その資料がその地域における事情や歴史を扱っていることを表すことができるようになります。

c.　-033 辞典．事典．引用語辞典．用語集．用語索引［コンコーダンス］

ここには，「＊項目が五十音順など一定の音順に配列されているものに，使用する」という注があります。

「音順」ですから，日本語の場合はあいうえお順（もしくはいろは順），アルファベットの場合は ABC 順に並んでいるものに使用します。音順でない事典というのは，例えば内容に基づく項目別にまとめられているものがあります。

漢字の部首や画数順に並んでいるものを -033 に含めるかどうかについては明記されていません。音順ではありませんが機械的な配列であることには変わりありませんので，-033 を付与することも不可能ではないように思われます（もりきよし編『NDC 入門』[3] で

は画数順にも –033 を使用するとしています)。ABC 順も必ずしも発音したときの音の順とは限らず，表記されている文字の順なのですが –033 を使用します。

d. –034 命名法［命名規則］

　本来は名前の付け方に使用する記号です。例えば，自然科学では「国際動物命名規約」「国際藻類・菌類・植物命名規約」「IUPAC 命名法」のような命名規則が定められていますので，これらに関連する資料に使用するための記号だと考えられますが，それ以外にも，名前の由来を論じた資料にも使用されることがあるようです。

e. –04 論文集．評論集．講演集．会議録

　–04 を付加するのは次の 2 種類があります。

　一つは，非体系的・非網羅的な論文集などです。例えば，学術会議の発表を集めた論文集や，ある人の古稀などを顕彰する論文集は，通常それぞれの論文をただ集めただけで，一冊の本として体系的に構築されているわけではありません。このような，独立した論文などを集めただけのものに –04 を付加します（このような論文集であっても，紀要のように逐次的に刊行されるものには **–05 逐次刊行物**を使用します）。

　もう一つは，ある主題を他の主題との関連から扱ったものです。これは 7 版に –001〜–009 として他の主題との関連を表す形式区分があったものを 8 版で –04 に統合したものなのですが，ある主題を他の主題との関連から扱った図書は非常に多いため，これに –04 を使用することは，実際にはあまりないように見受けられます。

3：もりきよし編．NDC 入門．日本図書館協会，1982.

56 | I部 2章 NDC の構成と概説

f. −049 随筆. 雑記

いわゆるエッセー風な記述が該当します。7 版にあったものが 8 版でいったんなくなり，あらためて 9 版で復活しました。

g. −07 研究法. 指導法. 教育

研究法．指導法．教育以外にも，その分野における英語など外国語の解説にも使用します。このことは直接には明記されていないのですが，830 英語のところに「＊特定分野における英語研究は，各主題の下に収める　例：430.7 化学英語」とあり，例として挙げられている 430.7 は **430 化学** に形式区分の −07 を付加したものと考えられますので，特定の分野の外国語はその分野に分類して形式区分の −07 を付加するのだということが導き出されます。

h. −078 教科書. 問題集

教科書といっても，初等・中等教育の教科書は **37 教育** の下に分類しますので，形式区分を付加する教科書はそれ以外のものということになります。しかし，大学で使用する教科書は一般的な入門書や専門書ですから，これらに −078 を使用することはありません。そのため，この −078 を使用するケースはあまり多くないと思われます。

i. −08 叢書. 全集. 選集

体系的，網羅的なものに使用し，非体系的・非網羅的なものには **−04 論文集** を使用するとされています。全集は文字通りすべての資料を集めたものですから網羅的ですし，選集は選者が作品や著作の一部を選んで全体を一つの集合作品として再構築していて体系的なものですから −08 を使用します。

この −08 は 8 版までは単冊のものには使用しませんでしたが，9 版からは単冊の全集などにも使用するように変更されました。しか

3. 一般補助表 | *57*

Ⅰ-a 地理区分　Geographic division

−1　　　日　　　本
−11　　　　北海道地方
　　　　　　　＊蝦夷には，この記号を使用する
−111　　　　　道北：宗谷総合振興局，オホーツク総合振興局［北見国］
　　　　　　　　　網走，北見，紋別，稚内
−112　　　　　道東：根室振興局，釧路総合振興局［根室国．釧路国］
　　　　　　　　　釧路，根室
−113　　　　　十勝総合振興局［十勝国］
　　　　　　　　　帯広
−114　　　　　上川総合振興局．日高振興局［日高国］
　　　　　　　　　旭川，士別，名寄，富良野
−115　　　　　道央：石狩振興局，空知総合振興局［石狩国］
　　　　　　　　　札幌，赤平，芦別，石狩，岩見沢，歌志内，恵庭，江別，北広島，砂川，滝川，
　　　　　　　　　千歳，美唄，深川，三笠，夕張
−116　　　　　道西：留萌振興局［天塩国］
　　　　　　　　　留萌
−117　　　　　後志総合振興局．胆振総合振興局［後志国．胆振国］
　　　　　　　　　　小樽，伊達，苫小牧，登別，室蘭
−118　　　　　道南：渡島総合振興局，檜山振興局［渡島国］
　　　　　　　　　函館，北斗
−119　　　　　千島列島［千島国］
　　　　　　　　　＊北方四島には，この記号を使用する
　　　　　　　　　＊樺太→−292
−12　　　　東北地方
　　　　　　　＊奥羽には，この記号を使用する
−121　　　　　青森県［陸奥国］
　　　　　　　　　青森，黒石，五所川原，つがる，十和田，八戸，平川，弘前，三沢，むつ
−122　　　　　岩手県［陸中国］
　　　　　　　　　盛岡，一関，奥州，大船渡，釜石，北上，久慈，滝沢，遠野，二戸，八幡平，
　　　　　　　　　花巻，宮古，陸前高田
−123　　　　　宮城県［陸前国］
　　　　　　　　　仙台，石巻，岩沼，大崎，角田，栗原，気仙沼，塩竈，白石，多賀城，登米，
　　　　　　　　　名取，東松島
−124　　　　　秋田県［羽後国］
　　　　　　　　　秋田，大館，男鹿，潟上，鹿角，北秋田，仙北，大仙，にかほ，能代，湯沢，
　　　　　　　　　由利本荘，横手
−125　　　　　山形県［羽前国］
　　　　　　　　　山形，尾花沢，上山，寒河江，酒田，新庄，鶴岡，天童，長井，南陽，東根，
　　　　　　　　　村山，米沢
−126　　　　　福島県［岩代国．磐城国］
　　　　　　　　　福島，会津若松，いわき，喜多方，郡山，白河，須賀川，相馬，伊達，田村，

図 17　地理区分（部分）
（『日本十進分類法新訂 10 版　本表・補助表編』p.439）

58 | I部　2章　NDCの構成と概説

し，8版までのやり方を踏襲して，単冊のものには使用しない図書館もあるようです。

（2）地理区分

その資料の主題が特定の地域や国に限定されている場合に，地理区分を付加してその地域や国を表すことができます。

地理区分を付加するのは次の二つの場合があります。

一つは，本表に「＊地理区分」とある場合です。この場合は本表の分類記号にそのまま地理区分の記号を付加します。例えば，**332 経済史・事情．経済体制**には「＊地理区分」とありますので，中国経済であれば **-22 中国**を付加して **332 経済史・事情．経済体制**＋**22 中国**→332.22 となります。

もう一つ，本表に「＊地理区分」がない場合でも，形式区分の -02 を間に挟むことで，どの分類記号に対しても地理区分をすることが可能になります。先に見たように，形式区分の **-02 歴史的・地域的論述**のところに「＊地理区分」とありますので，-02 を付ければその後ろに地理区分を付加することができるようになるのです。そして形式区分である -02 はどこにでも付加できますから，結果としてどこにでも地理区分を付加することができるようになるのです。

例えば，ドイツ医学史であれば，**49 医学**＋**02 歴史的・地域的論述**＋**34 ドイツ**→490.234 となります。

これに似た指示として，本表に「＊日本地方区分」と書いてあるところがあります。この場合は日本の地理区分の記号の先頭にある，日本を意味する「1」を取り除いた残りの記号を付加します。例えば，東京都区部の地理区分の記号は -1361 ですので，ここから先頭の「1」を除いた -361 が日本地方区分になります。**029 蔵書目録．総**

3．一般補助表 | *59*

合目録のところでは，**.1 国立図書館**は「＊地理区分」ですので地理区分をそのまま付加しますが，**.9 個人文庫．家蔵**は「＊当該文庫の所在地による日本地方区分」とありますので，東京都区部であればこの –361 を付加し，**029.9 個人文庫．家蔵＋361 東京都区部**→029.9361 となります。

地理区分は 8 版までは本表の **2 歴史**の部分の記号を参照していましたが，9 版からは完全に独立した補助表になりました。地理区分と本表の歴史の記号はほとんど対応していますので，8 版の時代から分類に携わっている方など，9 版を使用する場合でも地理区分の表を使用せずに本表で代用している方も多いようです。

そもそも **2 歴史**のところでは，2＋地理区分でその地域の歴史の記号を構成していますので，**2 歴史**の記号から先頭の 2 を除いたものが地理区分になるのは当然のことなのです。

ただし，本表の **2 歴史**と地理区分はほとんど対応しているのですが，いくつか注意点があります。

まず，**2 歴史**は地域の歴史ですから，地域によっては時代区分があるところがあります。例えば，**222 中国史**は，**.03 殷**，**.04 秦漢**などに区分されています。他方，地理区分は「地理」の区分ですから，これらの時代区分はなく，単に **–22 中国**という地理的な区分のみです。

同様に，**2 歴史**には **231 古代ギリシア**，**232 古代ローマ**がありますが，地理区分には –31 や –32 はありません。これらは「古代」とあるように時代の概念が入っていますので，地理区分にはならないのです。古代ギリシアや古代ローマに細分したい場合でも，古代ギリシアではなく単に **–395 ギリシア**を，同様に古代ローマではなく **–37 イタリア**（もしくは該当する現在の国や地域）を使用します。

Ⅱ　海洋区分　Sea division

-1　　太　平　洋
-2　　　北太平洋
-21　　　　ベーリング海
-22　　　　オホーツク海
-23　　　　日　本　海
-24　　　　黄　　　海
-25　　　　東シナ海
-26　　　　南シナ海
-28　　　　カリフォルニア湾
-3　　　南太平洋
-31　　　　ス　ル　海
-32　　　　セレベス海
-33　　　　ジャワ海
-34　　　　バンダ海
-35　　　　アラフラ海
-36　　　　珊　瑚　海
-37　　　　タスマン海
-4　　インド洋
-41　　　　ベンガル湾
-42　　　　アラビア海
-45　　　　ペルシア湾
-46　　　紅　　　海
-5　　大　西　洋
-51　　　北大西洋
-52　　　　北　　　海
-53　　　　バルト海
-55　　　　ハドソン湾
-56　　　　メキシコ湾，カリブ海
-57　　　南大西洋：ギニア湾
-6　　地　中　海
-61　　　　リグリア海
-62　　　　チレニア海
-63　　　　イオニア海
-64　　　　アドリア海
-65　　　　エーゲ海
-67　　　黒　　　海
-68　　　カスピ海［裏海］
-69　　　アラル海
-7　　　北極海［北氷洋］
　　　　　　グリーンランド海，バレンツ海，白海，カラ海，バフィン湾
-8　　　南極海［南氷洋］

図18　海洋区分
（『日本十進分類法新訂10版　本表・補助表編』p.456）

3．一般補助表 | *61*

また，フランス領インドシナ（1887〜1954 年）は歴史としては **223 東南アジア**の下の **.1 ベトナム**に分類しますが，地理区分としてのインドシナは **-23 東南アジア**の記号を使用します。

（3） 海洋区分

本表に「＊海洋区分」と指示のあるところに使用し，**-1 太平洋**，**-4 インド洋**といった，海洋で区分できるようになっています。

なお，近年の国際情勢を反映して，太平洋沿岸のような「沿岸」という括りを扱った資料も多くなっていますが，このような「○○沿岸」を表す記号はありません。

（4） 言語区分

本表に「＊言語区分」とあるところに使用しますが，「＊言語区分」とあるのは **030 百科事典**，**040 一般論文集．一般講演集**，**050 逐次刊行物**，**080 叢書．全集．選集**，**469.8 地理区分できない人種**，**670.9 商業通信．商業作文．商用語学**のところだけです。

このうち，03，04，05 については，これらに 9 を付加した記号を持つ **039 用語索引〈一般〉**，**049 雑著**，**059 一般年鑑**がすでに本表で使用されていますので，先頭が 9 である言語区分を使用する場合はこれらとの抵触を避けるために，**-899** を付加した上で言語区分を使用します。例えば，アイルランド語の論文集の分類記号を得ようとして，**04 一般論文集**に直接 **932 アイルランド語**を付加すると，**04 一般論文集** ＋ **932 アイルランド語**→049.32 となりますが，049 はすでに **049 雑著**として使用されていてこれと抵触しますので，間に **-899** を入れて，04 ＋ 899 ＋ 932→048.99932 とします。

その他，**9 文学**のところでは 9 の後ろに言語区分を付加できます

62 | Ⅰ部 2章 NDC の構成と概説

Ⅲ 言語区分 Language division

-1 日 本 語

-2 中 国 語
-29 その他の東洋の諸言語
　　　＊中国語→-2；日本語→-1
-291 朝鮮語［韓国語］
-292 アイヌ語
-2929 古アジア諸語［極北諸語］：ギリヤーク語，チュクチ語
　　　　＊エスキモー・アレウト諸語→-951
-293 チベット・ビルマ諸語
　　　　＊シナ・チベット諸語には，この記号を使用する
-2931 ヒマラヤ諸語
　　　　　＊西夏語には，この記号を使用する
-2932 チベット語．ゾンカ語
-2935 ビルマ語［ミャンマー語］．ロロ語［彝語］
　　　　　＊アッサム語→-2985
-2936 カム・タイ諸語：タイ語［シャム語］
-29369 ラオス語［ラーオ語］．シャン語．アホム語．カレン語群
　　　　　＊ミャオ・ヤオ諸語には，この記号を使用する
〈-2937／-2939 オーストロ・アジア諸語〉
-2937 モン・クメール諸語：ベトナム語［安南語］
-2938 クメール語［カンボジア語］．モン語
-2939 ムンダー諸語．ニコバル島諸語
-294 オーストロネシア諸語［マライ・ポリネシア諸語］
-2941 高山族諸語
-2942 ムラユ語［マレー語．マライ語］．インドネシア語
-2943 ジャワ語．バラオ語．スンダ語．マラガシ語［マダガスカル語］．テトゥン語
-2944 フィリピノ語［タガログ語］
-2945 ポリネシア諸語：マオリ語，ヌクオロ語，サモア語，ツバル語，トンガ語
-2946 メラネシア諸語：フィジー語
-2947 ミクロネシア諸語：キリバス語，ナウル語，マーシャル語
-295 アルタイ諸語
　　　　＊ウラル・アルタイ諸語には，この記号を使用する
　　　　＊ウラル諸語→-936；朝鮮語［韓国語］→-291
-2953 ツングース諸語：女真語，満州語
-2955 モンゴル諸語：モンゴル語［蒙古語］，カルムイク語，ブリヤート語
-2957 チュルク諸語：トルコ語，アゼルバイジャン語，ウズベク語，カザフ語，キルギス語，
　　　　トルクメン語
-2958 ウイグル語．突厥語
-296 ドラビダ諸語：タミル語，テルグ語
　　　　＊インド諸語→-298

図 19 言語区分（部分）
（『日本十進分類法新訂 10 版　本表・補助表編』p.457）

4．固有補助表 ｜ *63*

が，例えば台湾語で書かれた文学の分類記号を得ようとして **9 文学** ＋ **283 台湾語**→928.3 とすると，本表にある 928.3 つまり **9 文学** ＋ **2 中国語** ＋ **8 作品集** ＋ **.3 先秦**と同じになり，中国語で書かれた先秦時代の文学作品集の記号となってしまいます（つまり台湾語で書かれた文学という NDC の記号は存在しないのです）。そのため，9類について言語区分を付加するという方法はお勧めできません。おもな言語についてはあらかじめ本表に組み込まれていますし，言語区分ができるところには，例えば **929 その他の東洋文学**に「＊829のように言語区分」とありますので，このように注がある場合にのみ言語区分を付加するのがよいと思います。なお，実作業としては，「＊829 のように言語区分」とあることがわかったら，次に 829 のところを見て，その言語の記号の先頭の 8 を 9 に変える方が効率的です。例えば，ヒンディー語の文学の場合，829.83 がヒンディー語の分類記号なので，先頭の 8 を 9 に変えた 929.83 がヒンディー語文学の記号になります。

　この言語区分はあまり使用頻度が高くありませんので，日頃分類業務に携わっている方でもこの言語区分の存在を忘れている方も多いようです。

4．固有補助表

　9 版では「一つの類の一部分についてのみ，共通に使用される補助表」でしたが，10 版では「一つの類またはその一部分についてのみ，共通に使用される補助表」に変更になりました。

　9 版では本表中の使用できるところだけに置かれていました。10版では本表中にもありますが，同じものが「本表・補助表編」の最

後に別表としてもまとめられています。

10版では次の10種類があります。

---

(1) 神道各教派の共通細区分表（178）

(2) 仏教各宗派の共通細区分表（188）

(3) キリスト教各教派の共通細区分表（198）

(4) 日本の各地域の歴史（沖縄県を除く）における時代区分（211／219）

(5) 各国・各地域の地理，地誌，紀行における共通細区分表（291／297）

(6) 各種の技術・工学の経済的，経営的観点における細区分表（510／589）

(7) 様式別の建築における図集（521／523）

(8) 写真・印刷を除く各美術の図集に関する共通細区分表（700／739，750／759）

(9) 言語共通区分（810／899）

(10) 文学共通区分（910／999）

このうち，「(4) 日本の各地域の歴史における時代区分」は10版で新たに追加されたものです。「(7) 様式別の建築における図集」は，区分としては9版からあったのですが，固有補助表としては挙げられていませんでした。「(9) 言語共通区分」と「(10) 文学共通区分」は9版では一般補助表だったものが10版で固有補助表に移動になったものです。

形式区分と同様に，固有補助表についても，あらかじめ組み込まれているものがあればそれを優先します。例えば，原子力法を分類する場合，各種の技術・工学（510／580）の固有補助表では「政策.行政.法令」については −091 を付加することになっていますが，**539 原子力工学**のところにはあらかじめ原子力法・協定として.0912 が展開されていますので 539.0912 を使用します。

5．相関索引

　「相関索引・使用法編」の大部分のページは相関索引（以下「索引」）です。これは自然語から分類記号に辿り着くためのツールで，例えば労働基準法をどこに分類してよいかわからない場合，この索引で「労働基準法」を引けば 366.15 であることがわかります。

　この索引は五十音順に並んでいるのですが，一般の辞書と少し並び方が異なり，「ヂ」は「ジ」，「ヅ」は「ズ」として配列されています（目録に記録するヨミと同じです）。長音「ー」は無視されていますので，図 20 にあるように，「オート」で始まる単語があちこちに分散されています。アルファベットや数字はカナで読み下すのではなく，そのままアルファベットや数字として索引の最後，つまり「ワ」の項の後ろに置かれています。

　参照先はページ番号ではなく，分類記号です。

　その参照先の分類記号に△があるところには，その△を地理区分の記号で置き換えて使用します。例えば，古地図は 29△038 とありますので，日本の古地図であれば日本の地理区分の記号である 1 に置き換えて，291.038 とします。また，中国であれば中国の地理区分である 22 に置き換えて 292.2038 とします。

　また，□は言語区分で置き換えて使用します。例えば，図 20 にあるように「お伽噺（文学）」は 9□38 とあります。日本語の言語区分は 1 ですから，日本語のお伽噺は 913.8 となりますし，ビルマ語のお伽噺であればビルマ語の 2935 で置き換えて 929.3538 とします。

　「*」は地理区分，「**」は海洋区分として使用する，という記号です。図 20 でオーストラリアは*71 となっていますが，これを単

オシログラフ	落窪物語［書名］ 913.35	尾道 *176
（電子工学）549.53	オッカム（哲学）132.2	オハイオ州 *5341
オシロスコープ 549.53	オック語 859	御歯黒（民俗）383.7
汚水浄化装置（建築）528.1	オットー機関 533.4	尾花沢 *125
汚水処理（衛生工学）518.24	オットセイ（水産業）664.9	お話（幼児教育）376.158
オーストラリア *71	（動物学）489.59	お話会（図書館）015.8
オーストラリア諸語 897	オットセイ油 576.184	オーバーヘッドプロジ
オーストラリア先住民	オッペンハイマー	ェクター 535.85
語 897	（社会学）361.234	小浜 *144
オーストラリア先住民	オーディオ機器	オパール（工芸）755.3
語文学 997	（電気工学）547.33	（鉱物学）459.7
オーストラリア文学 930.299	オーディオ工学 501.24	帯（家政学）593.15
オーストリア *346	オディシャ州 *252	（民俗）383.1
オーストリア学派	汚泥処理（衛生工学）518.24	帯祝（民俗）385.2
（経済学）331.71	音（物理学）424	帯鋼 566.4
オーストリア哲学 134	お伽草子 913.436	帯鋸機械 583.8
オーストリア・ハンガ	お伽噺（文学）9□38	帯広 *113
リー帝国 234.6	（民俗）388	オフィス 336.5
オーストリア美術 702.346	オートキャンプ 786.3	オフィスオートメーシ
オーストリア文学 940	オート三輪車 537.99	ョン 336.57
オーストロ・アジア諸	落水（稲作）616.26	オフィスコンピュータ 548.291
語 829.37	オートジャイロ 538.64	オブジェ 719
オーストロネシア諸語 829.4	オートダイン	オプション取引 338.1
オスマン語 829.57	（電子工学）549.36	オフセット印刷 749.5
オスマン帝国 227.4	オートバイ（機械工学）537.98	汚物処理（衛生工学）518.24
オスミウム（化学）436.87	（陸運）685.8	オプティミゼーション
オセアニア *7	オードブル 596.23	（数学）417
オセアニア史 270	オートボルタ *4413	オプトエレクトロニク
オセアニア諸語 897	オートマトン	ス 549.95
オセアニア美術 702.7	（情報工学）548.3	オフラインシステム 007.63
オセット語 829.98	（数学）410.9	御触書（法制史）322.15
オセロゲーム 795.8	オートメーション	オープン教育 371.5
汚染（環境工学）519	（機械工学）531.38	オープンショップ 366.14
悪阻（婦人科学）495.6	（情報工学）548.3	オープンユニバーシテ
オゾン（化学）435.45	（生産工学）509.69	ィ 377
（化学工業）574.26	おどり（日本舞踊）769.1	オペアンプ 549.34
オゾン工業 574.26	歌舞伎舞 774.9	オペラ 766.1
オゾン層（気象学）451.33	オートリヤカー 537.99	オペラグラス
オゾン装置（鉱山工学）561.73	オートレース 788.7	（光学機器）535.82
オゾン療法 492.55	驚き（心理学）141.6	オペレーションズリ
織田時代（日本史）210.48	御成 210.099	サーチ（経営管理）336.1
おたまじゃくし 487.85	鬼（民俗）387	（数理統計学）417
小樽 *117	鬼ごっこ（民俗）384.55	オペレッタ 766.2
オタワ *515	小野 *164	オペレーティングシス
小田原 *137	斧（製造工業）581.7	テム 007.634
小田原平定 210.48	小野田 *177	オーボエ 763.75

図20　相関索引

（『日本十進分類法新訂10版　相関索引・使用法編』p.34）

5. 相関索引 | *67*

独で使用するのではなく，補助表の地理区分として使用します。

　相関索引は，その主題をどこに分類してよいかわからない場合に便利なツールなのですが，索引に載っているからといって，検討することなくそのままその記号を使用してはいけません。同じ主題でも扱い方によって異なる分類記号となることがありますので，必ず本表にあたって，その分類記号でよいかどうかを確認しなければなりません。

　例えば，神社で頂く「おみくじ」の分類記号を知りたい場合，索引を引くと

　　おみくじ（神道）　　176.8

とあり，本表で176.8を見てみると，**17 神道**の下の**176.8 神籤［おみくじ］．禁厭［まじない］**とありますのでここでよさそうです。

　同様に「栗」を引くと

　　くり（果樹栽培）　　625.71
　　　（植物学）　　　　479.565
　　　（造林）　　　　　653.7

とあり，同じ栗でも扱う分野によって異なる分類記号となることがわかります。これらは本表ではばらばらに配置されていますので，このように類似の概念が集中して表示されているというのは大変便利なものです（そのため単なる「索引」ではなく「相関索引」という名称になっています）。

　しかし，同じ栗でも，栗を使ったケーキの本や，料理の材料とし

68 | I部 2章 NDC の構成と概説

ての栗の調理法の本は，これらのいずれにも該当しません。実際には，栗のケーキは **596.65 菓子**に，食材としての栗は **596.3 材料別による料理法**に分類すべきものです。この栗の場合は索引にあらかじめ分野が「（果樹栽培）」などのように明記されていたので本表を確認しなくてもこれらのいずれでもないということがわかりました。

それではピアノの製造技術はどうでしょうか。

「ピアノ」は索引では 763.2 しか載っていませんが，本表を引くとこれは **76 音楽**の **763 楽器．器楽**の下の **.2 ピアノ**であることがわかります。しかし，**580 製造工業**の下の **582 事務機器．家庭機器．楽器**の下にも **.7 楽器．蓄音機**がありますので，工業製品としてのピアノについては索引に載っている 763.2 ではなく 582.7 に分類すべきであると考えられます。このように索引を引いただけでは正しい分類記号を知ることができないこともありますので，必ず本表における位置を確認しなければなりません（9 版では 763 の注として「楽器工業→582.7」とありましたが 10 版では削除されてしまいました）。

しかしだからといって，相関索引が実務において効果のないツールだというわけではありません。例えば散文詩は，詩なのか小説なのか判断に迷いますが，索引を引けばすぐに詩に分類するのだということがわかります。

NDC の索引は決して詳しいとは言えず，引いても求める語彙が載っていないことも多々あります。さらに先に述べたように，索引に載っているからといってそのまま使用すればよいとは限りません。そのため，分類作業に慣れるに従ってしだいに使わなくなる傾向があるように思いますが，索引に載っているものについては（そしてその記号が妥当なものであれば）その記号を使用すべきですので，

7．補遺（9版） | *69*

こまめに引くクセを付けることをお勧めします。

6．正誤表

　日本図書館協会のサイトに正誤表が公開されています。10 版のものは 2019 年 5 月 1 日現在第 1 刷〜第 5 刷正誤表があります。9 版については「正誤表 1」「正誤表 2」「お詫びと訂正」の 3 種類があります[4]。「正誤表 1」は 1 刷から 5 刷が対象で，「正誤表 2」は 1 刷から 10 刷が対象です（6 刷以降には「正誤表 1」の内容は反映されていますので，これについては修正の必要はありません）。また，11 刷に対しては「お詫びと訂正」という名称で正誤表が公開されています。これらは誤りを訂正したものですので，該当する刷を使用する場合は必ず修正する必要があります。また，12 刷からは「癩」が「ハンセン病」に修正されましたので，こちらも修正しておいた方がよいでしょう。

7．補遺（9版）

　正誤表は誤りを訂正したものですが，9 版刊行後 21 世紀になったことでその時代区分を追加したり，行政改革による行政機関の再編を反映した「補遺」が公開されています[5]。

　例えば，本表では日本史の時代区分として **210.76 太平洋戦争後**

4：分類委員会．https://www.jla.or.jp/committees/bunrui/tabid/187/Default.aspx
5：日本十進分類法（NDC）9 版補遺―2000 年 4 月―．http://www.jla.or.jp/portals/0/html/bunrui/ndc9hoi.html

70 | I 部 2 章 NDC の構成と概説

1945-が最終だったのですが，補遺では 210.76 は太平洋戦争後の昭和時代に限定され，**.762 占領軍統治時代**（1945-52），**.77 平成時代一**（1989-）が追加されました。また，**335.8 公益企業**の下に**335.89NPO** が追加されるなどしています。

　これらは修正ではなく分類記号の変更であるため，9 版では以後の刷でも本表には反映されずに別刷りが挟み込まれているだけですので，この補遺を採用するかどうかは各図書館で決定することになります。

　なお，10 版ではこの補遺の内容は本表に反映されています。

3章　NDC の使い方

1．基本的な使い方

　NDC のおおよその構成がわかったところで，いざ実際に分類記号を探そうとしても，慣れないうちはどこからどう探せばよいのか見当が付かないことと思います。前章でも触れたように，NDC の分類記号を得るには大きく分けて二通りの方法があります。一つは本表を直接探す方法で，もう一つは索引を使用する方法です。

① 本表を直接探す方法

　本表には類目表（一桁），綱目表（二桁），要目表（三桁），細目表（四桁以上）の 4 種類がありました（前章 2．本表）。これらの表に対して，わかっている桁数より一桁多い桁数の表を探します。例えば，民法の「債権法」の分類記号を探す場合，法律が 32 であることがわかっているのなら，それより一桁多い三桁の要目表を順に見ていくと，民法が 324 であることを知ることができます。その次に細目表で **324 民法** のところを辿っていけば，**324.4 債権法** を見つけることができます。しかし，債権法が民法であることがわからないのであれば，索引を引くことになります。もし索引を引いても載っていないのであれば，三桁の要目表（それでもだめなら細目表）を順に眺めていくしかありません。

72 | I部 3章 NDCの使い方

② 索引を引く方法

　債権法がどの法律になるのかわからないのであれば，索引で「債権法」を引きましょう。しかし，その語がそのまま載っていない場合には，語句を変えるか，あるいはもう少し上位の概念で引きなおして，本表を確認することになります（したがって，ある程度は表の構造や探している主題について理解していないと別の語で引き直すこともできないことになります）。

　もちろん「債権法（民法）　324.4」のように引いた語がそのまま載っていても，前章「5．相関索引」で述べたようにあらためて本表を確認しなければなりません。

　実際の分類作業ではこの二つを適宜組み合わせて分類記号を探します（詳しくはⅡ部1章3．主題分析と分類付与参照）。

2．「使用法」

　NDCの基本的な説明と使い方は，10版では「序説」「各類概説」（いずれも「本表・補助表編」）と「『日本十進分類法　新訂10版』の使用法」（「相関索引・使用法編」）に書かれています。NDCを理解し使用するための大原則がまとめられていますので，必ず読んでおく必要があります。

　なお，9版ではこれらの使用法は本表編巻頭の「解説」にまとめられています。

3．ローカルルール

　NDC の規定とは別に，それぞれの図書館によって運用上の規定を設けることがあります。本表では明確に規定されていない主題をどこに分類するかを決めたり，複数の箇所に分類できるものをなるべく一箇所に集中するような指針を設けたりするものです。

　例えば，国会図書館では NDC9 版を適用するに際しての基準を「日本十進分類法（NDC）新訂 9 版分類基準（2010 年版）」として公開しています[6]。あくまでも国会図書館における運用ですので，必ずしもこの基準に従う必要はありませんが，ローカルルールを決める際の参考にすることができるでしょう。また，分類付与の実務において，判断に迷う場合に国会図書館のデータベースを参考にすることもできますが，国会図書館独自の基準で分類された記号をそのまま利用してしまうと，自分の図書館の分類の仕方とは異なる分類記号を付与してしまうことになりかねません。ですから国会図書館が付与した分類記号を参照する場合には，随時この分類基準を見て，一般的な分類なのか，あるいは国会図書館独自の基準によるものなのかを確認する必要があります。

　分類基準だけでなく，付与する桁数も図書館によって異なります。

　蔵書数の少ない公共図書館では分類記号は一律に三桁までとしているところもありますが，大学図書館では，ほとんどのところで細目表を使用していると思われます。しかし，最長で何桁まで使用するかは図書館によりさまざまです。一律に五桁まで，のように定め

6：日本十進分類法（NDC）新訂 9 版分類基準（2010 年版）．http://www.ndl.go.jp/jp/library/data/zan9.html

74 | I部 3章 NDCの使い方

ているところもありますし，分野によって桁数を変えているところもあります。また，本表の記号に続けて形式区分などを付加するかどうかについても，付加するところと付加しないところがあります。

また，看護学や歯学など，NDCだけでは分類項目が不足している場合に，その部分について独自に展開している図書館もあります。例えば，看護系の図書館では看護に関する図書が多いため，NDC分類だけでは十分に資料を区分することができません。そのため，基本的にはNDCを使用しつつも，**492.9 看護学**の部分については日本看護協会看護学図書分類表[7]を使用したり，独自に記号を定めて展開したりするなどの事例があります。

同様に，専門図書館や単科大学では特定の分野に資料が集中しますので，先頭の数桁が共通するものが大量に書架に並ぶことになります。これでは効率が悪いので，例えば看護学を表す492.9という部分を「N」に置き換えて記号を短くする，という方法もあります。

4．構造を知る

NDCは十進分類法ですから，記号の体系としては0から9までの数字のみを使用し，上位の概念から下位の概念へと深化して行くという，すっきりとした構造をしています。

例えば，カウンセリングの分類記号は，

1　哲学

7：日本看護協会看護学図書分類表. https://www.nurse.or.jp/nursing/education/
library/pdf/bunruihyou.pdf

4．構造を知る ｜ *75*

14　心理学
146　臨床心理学．精神分析学
146.8　カウンセリング．精神療法［心理療法］

となっていて，146.8 という記号であることがわかります。

　しかしだからといって，カウンセリングの分類記号を得るために
は，NDC の構造を知らなくても **1 哲学**から順に階層を辿って行け
ばよい，ということではありません。そもそも NDC の表の構造を
知らなければ，カウンセリングが哲学の下位にあるということ自体
がわからないのですから，**1 哲学**から辿っていくことはできないは
ずです。そのために相関索引が用意されていますが，これはあくま
でも可能性のある候補を提示するものであって，相関索引を引けば
求める分類記号がそのまま得られるというわけではありません（相
関索引については前章 5 参照）。そのため，分類の実務を行うため
には，あらかじめ NDC の全体の構造をある程度知っておく必要が
あります。

　表の数字の構造については 2 章で述べたとおりです。知識の宇宙
を 1〜9 と 0 の 10 項目に分け，さらにそれぞれについて 1〜9 と 0
の 10 項目に分けていきます。そして数字上はこのような十進構造
になっていますが，内容としては，不均衡項目や縮約項目があります
すので必ずしも 10 項目というわけではなく，例えば第 1 次区分は
記号としては 10 区分ですが，内容としては 17 項目に分けられてい
るのでした（前章 2．本表参照）。

　これらのことを踏まえて，実際に作業するにあたっては，あらか
じめ第 2 次区分（二桁）程度はどのような構造になっているかを理
解しておいた方がよいでしょう。

76 | I部　3章　NDCの使い方

5．メインとサブ

　「○○の△△」という構造を持つ主題の資料を分類する場合を考えてみましょう。

　第1次区分の2は歴史です。一般的な歴史学に関する資料はここに分類しますが，特定の主題の歴史はその主題に分類します。例えば，同じ「○○の歴史」という構造を持つ主題でも，日本の歴史は

　2　歴史
　21　日本史

であり，**2歴史**の下に地域で区分しますが，経済の歴史は

　3　社会科学
　33　経済
　332　経済史・事情．経済体制

のように，特定主題である**33経済**の下の歴史的論述として分類します。

　このように，「歴史」に関する資料を分類する際には，**2歴史**の下に展開する場合とそれぞれの主題の下の歴史的論述として展開する場合の2種類があるのです。本書では，前者の歴史のようにまずそこに分類する主題を「メイン」，後者の歴史のようにそのメインの下に区分する主題を「サブ」と呼び分けます。つまり，「日本の歴史」は「歴史」がメインで「日本」がサブ，「経済の歴史」は「経済」がメインで「歴史」がサブになります。

5. メインとサブ | *77*

　したがって，複数の主題や側面を持つ資料を分類するにあたっては，その資料が扱っている主題のどの部分が NDC の「メイン」であり，どの部分が「サブ」であるのかを見極めることが重要になってきます。

　いくつかの主題について，メインとサブに分けて並べたものが次の表2です。これを見ると，同じように「A の B」という構造の主題を持つ資料でも，NDC の構造を知らなければ分類記号を特定できないということがわかると思います。

表2　メインとサブ

サブ	メイン	サブ	NDC
日本の	**歴史**		210
	経済の	歴史	332
国際	**経済**		333.6
	農業	経済	611
女性	**心理**		143.5
	労働	心理学	366.94
農村	**社会学**		361.76
	法	社会学	321.3

注）メインに該当する部分を太字にしてあります。

　もう少し詳しい表を巻末にまとめてあります（付録1）。個別の記号を覚える必要はありませんが，ある主題がどのような場合にメインとなり，どのような場合にサブになるのかということについて，ざっと眺めて大体のイメージを掴んでおくと分類作業がやりやすくなると思います。

6．主題と形式

　0から9までの第1次区分のうち，9は文学を分類するところで，主題が明確であってもその主題ではなく言語と形式で分類します。例えば，宮本武蔵を描いた吉川英治の小説『宮本武蔵』は，主題の宮本武蔵ではなく日本語の小説として分類します。また，**030 百科事典**，**040 論文集**など，0類の一部にも主題ではなく形式に基づいて分類するものがあります（というより，そもそも主題が特定できない事典や論文集を0類に分類します）。他にも，芸術作品としての写真集（748）や通常の漫画作品（726.1）は，扱っているテーマ

表3　主題と形式

	形式か主題か	形式	NDC 記号
芸術作品*	形式で分類する（特定の主題を表すための手段であるものを除く）	文学	9
		絵画	72
		漫画	726.1
		絵本	726.6
		写真集	748
		映画	778
扱っている主題が幅広く特定できない	形式で分類する	百科事典	03
		論文集	04
		逐次刊行物	05
		叢書	08
		貴重書．郷土資料．その他の特別コレクション	09
主題が特定できる	主題で分類する		各主題

＊主題で分類するか形式で分類するか迷いやすいもののみ挙げてありますが，音楽など表にない芸術作品も形式で分類します。

ではなく形式で分類します（写真集や漫画は，特定の主題を説明するための手段としてこれらの形式を採っているものの場合はそれぞれの主題に分類します。詳しくは次章8.7類参照）。

　実務においては，まず形式で分類する芸術作品かどうかを判断し，もし芸術作品に該当するのであればその主題が何であっても形式で分類します。それ以外のものについては，形式で分類する百科事典，論文集，逐次刊行物，叢書に該当するかどうかを検討します。最後に，この二つに該当しないものについてはその主題で分類する，という順に考えていきます。

　このことをまとめたのが前ページの表3です。上から下へと順に検討していけば形式か主題かで迷うことはないはずです。

7．○○そのものと○○について

　しかし他方では，これらの形式を持つ資料が主題となることがあります。小説を主題にした研究や百科事典について論じた本などです。これらはその小説そのものや百科事典そのものと同じ分類記号となるのです。例えば，村上春樹の小説『ノルウェイの森』は近代日本語小説（913.6）に分類しますが，これを研究した酒井英行ほか著『村上春樹「ノルウェイの森」の研究』（沖積舎，2011）も同じく913.6に分類します。また，国語辞典である『広辞苑』は国語辞典（813.1）に分類しますが，広辞苑について論じた谷沢永一ほか著『広辞苑の嘘』（光文社，2001）も同じ813.1に分類します。つまり，形式を表す分類記号は，その記号が意味する形式の資料そのものであることもありますし，その記号の形式が主題であることを示すこともあるのです。

ただし，すべての項目はある資料の主題となることができますが，その逆の，その記号が意味する資料そのものである場合はそれほど多くはありません。例えば，**596.21 日本料理**は主題としてのみ存在するものであり，日本料理そのものは図書館の資料ではありません。

このように，0から9までのすべての項目はある資料の主題となることができますので，NDC は資料の主題を0から9までに分類するのだ，と考えることもできるのです。そして，このようにすべての資料を主題で分類することを原則と考えて，百科事典そのものや小説そのものなどについてもそれらを主題として扱う資料と同じ記号を付与するのだ，と考えることも可能です。実際には百科事典などはそのものであることがほとんどですが，どちらでもわかりやすい考え方で理解すれば構いません。

8．主題と分野

主題で分類する場合でも，一つの主題が必ずしも分類記号を一つだけ持つとは限りません。

同じ米でも，農作物としての米，米価，料理の素材としての米では，それぞれ異なるところに分類します。つまりその本が扱っている対象である「もの」や「こと」が何であるかがわかっても，それだけでは分類できるとは限りません。対象そのものと同時に，どのような観点から扱っているのかを考える必要があります。

しかしながら，すべての対象について，すべての観点があらかじめ NDC の表に配置されているわけではありません。例えば，最近は米粉を使用したパンやスパゲッティなどを見かけるようになりま

したが，このような米粉を使用した料理を分類するところは特に項目がありません。したがって，パンはパン（596.23），スパゲッティは麺類（596.38）に分類することになります。

なお，このように対象となる主題とその分野が NDC において明確でない場合は，分野で分類するよりも対象そのものを表すところに分類することが多いようです。

9．時間と空間

国や地域の歴史や美術史など，ある主題の歴史については，地域は時代に優先します。つまり，地域で区分できる場合にはまずその地域で分類し，その後で時代に区分できる場合に時代で区分します。ただし，政治史や日本以外の経済史など，地域では分類できてもそれ以上時代では区分できないところもあります。

10．1〜9 と 0

NDC は知識の宇宙を 1 から 9 に分けた上で，総合的なものやそのいずれにも属さないものを 0 として区分しています。ですから実際の分類作業に際しても，1 から 9 に分類できるものについてはそのいずれかに分類することが原則です。そしてそのいずれにも属さないものや総合的なものを 0 に分類します。例えば，051 は日本語の雑誌ですが，日本語の社会科学の雑誌は **305 社会科学の逐次刊行物**に分類します。

82 ｜ Ⅰ部　3章　NDC の使い方

0	総記
051	日本語の雑誌
3	社会科学
305	社会科学の雑誌

日本語の社会科学の雑誌は，0 より 3 を優先して 305 とする。

3	社会科学
305	社会科学の雑誌
310	政治
310.5	政治の雑誌

社会科学の一分野である政治の雑誌は，0 より 1 を優先して 310.5 とする。

図21　1～9 と 0 の考え方

　ただし，細分する記号として適切なものがない場合には無理に細分せず，上位の記号でとどめるようにします。

11.　一般と特殊

　知識や概念の体系は，一般的なもの（上位）から特殊なもの（下位）へと細分化されていきます。

　例えば，

2　歴史

21　日本史

219　九州地方

12. 隠れている記号の推定 | *83*

219.9　沖縄県

のようになっています。分類記号を付与する場合は，上でみた1〜9と0と同様に，これらのうち最も特殊なものとして分類します。つまり，沖縄県は九州地方ですが，沖縄県の歴史は **219 九州地方**にとどめるのではなく，**219.9 沖縄県**まで細分します（もちろん，その図書館として三桁までとする，という方針であれば219でとどめて構いません）。

　また，このように上位・下位の階層になっているものだけではなく，別の分類記号となる場合でも，特定の主題に限定されている場合はその主題の方に分類するのが原則です。

　例えば，ソフトウェア全般は **007.63 コンピュータシステム．ソフトウェア**に分類しますが，図書館のシステムは **01 図書館．図書館情報学**の下の **013.8 図書館事務の機械化**に分類します。さらに図書館業務の中でも特定の業務，例えば目録の機械化であれば **014.3 目録法**の下の **014.37 目録の種類・形態・制度**に分類することになります。

　このように，より詳しく，より具体的で限定されている方に分類します。

12.　隠れている記号の推定

　本表に展開されていない記号を推定する場合の例として，ドイツの文化史の分類を考えてみましょう。

　234 ドイツ．中欧史には文化史という項目はありませんが，**21 日本史**には **210.12 文化史**があります。したがって，**234 ドイツ．**

中欧史にも 234.012 という項目があっても不思議ではありません。しかしながら，おそらく出版点数が少ないために独立した項目を立てる必要がないという判断だと思われますが，234.012 という項目がありませんので，これより上位で付与できる 234 がドイツ文化史の分類記号になります。

このように，該当する分野に項目がない場合には，国違いなど並行している他の項目で詳しく展開されているところがあれば，それを参考にしてあるべき箇所を推定できることがあります。

体系としては，

210　日本史
　.1　　通史
　.12　　文化史

と同様に，

234　ドイツ. 中欧
　.01　　通史　　　←実際には存在しない
　.012　　文化史　←実際には存在しない

という構造であると考えられるが，234.012 という記号はないので 234 に分類する。

図 22　ドイツ文化史の分類記号の考え方

13.　まとめ

以上見てきた NDC の使い方を簡単にまとめておきます。

a. 作業する前に準備しておくこと

① 「使用法」を読む

NDC の「序説」「各類概説」「使用法」（9 版では「解説」）をしっかり読んでおく。

② ローカルルール

その図書館における運用の基準を明確にしておく。

③ 構造を理解する

NDC がどのような構造になっているのかをだいたい理解しておく。

b. 作業する際に注意すること

① メインとサブ

タイトルが○○の△△など，ある主題が限定される構造の場合は，どちらがメイン（最初に分類するところ）でどちらがサブ（その下に区分するもの）になるのかという点に注目する。

② 主題と形式

芸術作品と主題を特定できないものは形式で分類し，それ以外は主題で分類する。

③ ○○そのものと○○について

「○○そのもの」も「○○について」も同じ分類記号となる。

④ 主題と分野

同じ対象を扱っていても，分野や視点が異なれば別の分類記号となることがある。

⑤ 時間と空間

時代より地域が優先される。

⑥ 1～9 と 0

「0」より「1～9」が優先される。

⑦ **一般と特殊**

なるべく特殊なものとして（詳しく）分類する。

⑧ **隠れている記号の推定**

該当する分野に項目がない場合に，詳しく展開されている他の項目を参考にして，あるべき箇所を推定する。

4章　各類解説

　ここでは，第1次区分のそれぞれの類目について，注意すべき点を挙げていきます（「〇類」は「〇門」と言われることもあります）。

1．0類

00　**総記**
01　　図書館．図書館情報学
02　　図書．書誌学
03　　百科事典．用語索引
04　　一般論文集．一般講演集．雑著
05　　逐次刊行物．一般年鑑
06　　団体．博物館
07　　ジャーナリズム．新聞
08　　叢書．全書．選集
09　　貴重書．郷土資料．その他の特別コレクション

　0類は総記です。

　さまざまな主題を含むために主題が明確でない **03 百科事典**，**04 一般論文集**，**05 逐次刊行物**，**08 叢書．全集．選集**と，広い分野に関わる **002 知識．学問．学術**，**007 情報学**，**01 図書館学**，**02 図書．書誌学**，**06 団体．博物館**，**07 ジャーナリズム．新聞**と **09 貴重書．郷土資料．その他の特別コレクション**が0類です。

88 | I部 4章 各類解説

　9版刊行時点ではまだインターネットが一般的ではなかったため，インターネットに関する資料を分類するための明確な基準がありませんでした。そのため，**007 情報科学**（10版では「情報学．情報科学」）と **547 通信工学．電気通信**の使い分けが曖昧でしたが，10版では **007.3 情報と社会**の下に，**.353 ソーシャルメディア**，**.37 情報セキュリティ**，**.375 不正操作**の項目が追加され，使い分けが明確になりました（007 と 547 の区別の基準自体は9版と変わるものではなく，情報やソフトウェアに関するものは 007 に，通信の工学的な扱いのものは 547 に分類します）。

　070 ジャーナリズム．新聞と **361.453 マスコミュニケーション．マスメディア**との使い分けはとても難しいところです。そもそも新聞はテレビやラジオなどとともにマスメディアなのですから，この区別が難しいのは当然といえば当然です。

　さらに，**070 ジャーナリズム．新聞**の注に「＊新聞，テレビ，ラジオなど総合的なマスコミ事情・報道〈一般〉は，ここに収める」とありますので，新聞だけでなく，テレビなども含めて，マスコミ全般は 070 に分類するのが原則です（ここで「マスコミ」とあるのは，新聞，テレビ，ラジオなどを指す語であり，英語ではマスメディアと言うところを，日本語では「マスコミ」という語を使用しているものです。このことも 070 と 361.453 の区別を困難にしている一因だと思います）。

　しかし最近では，ゲームやインターネット，漫画なども含めて「マスメディア」や「メディア」という表現が使われることも多くなりました。その場合には従来のマスコミの範疇には収まらないために，**361.453 マスコミュニケーション．マスメディア**に分類すべきケースが増えているようです。

さらにテレビやラジオについては**699 放送事業：テレビ，ラジオ**というものもあります。

これらの使い分けとしては，ジャーナリズム・報道に関するものは，全般的なものは**070 ジャーナリズム．新聞**に分類し，テレビ・ラジオに限定されているものは**699 放送事業**に，ジャーナリズム・報道に限らないマスメディアについては**361.453 マスコミュニケーション．マスメディア**に分類するとよいでしょう。

表4　マスコミ，マスメディア関連の分類記号

対象・分野	NDC 記号
ジャーナリズム・報道	070
新聞，テレビ・ラジオ	
テレビ・ラジオ	699
新聞，テレビ・ラジオ，その他のメディア	361.453
社会学としてのマスコミュニケーション論	

090 貴重書．郷土資料．その他の特別コレクション

それぞれの図書館独自に別置したい資料をここに分類することができます。

大型図書をここにまとめたり，その大学で受理した博士論文に使用したり，地域の郷土資料を別置するために使用するといった事例があります。

90 | I部 4章 各類解説

2．1類

10 **哲学**
11 　哲学各論
12 　東洋思想
13 　西洋哲学
14 　心理学
15 　倫理学．道徳
16 **宗教**
17 　神道
18 　仏教
19 　キリスト教．ユダヤ教

　1類は哲学ですが，それ以外にも **14 心理学**，**15 倫理学．道徳**，**16 宗教**が展開されています。このうち **16 宗教**は第2次区分表で字上げされていますので不均衡項目であり哲学とは異なる分野であると考えられているのですが，**14 心理学**と **15 倫理学．道徳**は字上げされていませんので，NDC としてはこれらを，哲学の下位に位置すると考えていることがわかります。

　哲学はさらに **11 哲学各論**，**12 東洋思想**，**13 西洋哲学**に分かれます（ここで東洋思想が「哲学」ではなく「思想」となっているのは単にことばの慣例に従っただけです）。

　111 から 118 には，**111 形而上学．存在論**，**112 自然哲学．宇宙論**など，哲学の主題になるものが挙げられています。ただし，「＊111／118 には，包括的な著作・概論・歴史などを収め，個々の哲学者・思想家の著作で 111／118 の主題に関するものは，120／139 に収める」と注記されています（9版では最後の「120／139 に収める」の部分が「131／139」となっていて，西洋哲学のみが対象でし

た）。

121 から 139 には，おもな哲学者が時代と地域別に列挙されています。これらの哲学者の著作は，111／118 に挙げられている哲学の各論に対応するものについては，111／118 の各主題のところではなく，それぞれの思想家・哲学者のところに分類します。例として，サルトル著『実存主義とは何か』は，実存主義の記号である114.5 ではなく，サルトルの記号である 135.54 に分類するよう指示があります。哲学者の著作はその主題よりもその哲学者の著述であるところに意味があるという考えなのでしょう。これによりある哲学者の著作が一箇所に集まるようになっています。

しかし，哲学者の著作であればすべてその哲学者のところに分類するかというとそうではなく，注には続けて「111／118 に収まらないものは，各主題の下に収める」とあり，例としてサルトル著『マラルメ論』は主題であるマラルメの分類記号である 951.6 とすることが示されています。他にも，例えばルソーが著した教育論である『エミール』は **135.34 ルソー** ではなく，フランス教育学史（371.235）に分類します。

しかし，この規定はかなり弾力的に運用されることが多いようです。

例えば，アリストテレスの『ニコマコス倫理学』は，「倫理学」というタイトルどおり，幸福，徳，正義，愛といった倫理学的内容を論じたものですので，その主題は **15 倫理学** となります。これは上に挙げてある 111／118 の範囲ではありませんので NDC の規定どおりであれば 15 に分類すべきものですが，極めて重要な哲学者であるアリストテレスの代表的著作であることから，**15 倫理学** ではなく **131.4 アリストテレス** に分類することが多いようです。

92 │ I部　4章　各類解説

　さらに，121 から 139 にその名前が挙げられている著名な哲学者の場合はそれぞれのところに分類しますが，最近の哲学者の著作でその主題が 111／118 の範囲内のものは，包括的著作・概論・歴史ではなくても 111／118 の主題に分類することが多いようです。

（1）12 東洋思想

123 経書と 124 先秦思想．諸子百家

　123 が経書で 124 に先秦思想．諸子百家があります。124.1 が儒家．儒教となっていて，**123 経書**との使い分けが必要ですが，**123 経書**は書物を分類し，**124 先秦思想．諸子百家**には思想や思想家を分類します。この原則がわかれば，どちらにも項目として挙げられている「孟子」について，123.84 の孟子は書物を，124.16 の孟子は人物を意味していることがわかります。とはいっても，孟子という人物の思想をまとめたものが『孟子』という書物なのですから，人物としての孟子の研究には書物としての『孟子』も対象となっているはずであり，どちらに重点があるかによって使い分ける必要があることには変わりません。

（2）14 心理学

　一般的な心理学のほか，**147 超心理学．心霊研究**，**148 相法．易占**もここに分類します。例えば，予言や透視（147.4），心霊写真（147.5），風水（148.5）なども心理学の一部に位置づけられています。

（3）15 倫理学．道徳

159 人生訓．教訓

　哲学者の人生論はその哲学者のところに，文学者の人生論はその

文学者のところに分類します。それ以外の著者による，人生訓やどう生きたらよいかという心構えなどを著したものをこの**159 人生訓. 教訓**に分類します。

　原則として NDC では，「○○のための△△」のように対象者が明確に限定されている場合にはその対象者に分類する（Ⅱ部 1 章 4. 複数主題参照）のですが，人生訓の場合は対象者のところではなく，159 に分類して，個別の対象者はその下に，経営者やビジネスパーソン（.4），児童（.5），女性（.6），青年・学生（.7），老人（.79）などのように区分します。

（4）16 宗教

　166／199 各宗教に個別の宗教の項目が立てられていますので，**160 宗教**には個別の宗教に限らないものを分類します。

　164 神話. 神話学は地理区分をしますが，地理区分には古代ギリシアや古代ローマという区分はありませんので，このままではギリシア神話やローマ神話を分類することができません。そのため，あらかじめ本表に **.31 ギリシア神話**，**.32 ローマ神話**という項目が挙げられています。

（5）17 神道，18 仏教，19 キリスト教

　日本で一般的な三つの宗教が第 2 次区分の綱目として立てられています。

　それぞれの 3 次区分は，−1 が「神道思想. 神道説」「仏教教理. 仏教哲学」「教義. キリスト教神学」のように教理に関するもの，−2 が「神祇・神道史」「仏教史」「キリスト教史. 迫害史」のように歴史に関するもの，−3 が「神典」「経典」「聖書」のように聖典

94 ｜ Ⅰ部 4章 各類解説

に関するもの，-4 が「信仰録．説教集」「法話・説教集」「信仰録．説教集」のように聖職者が語った話に関するもの，-5「神社．神職」「寺院．僧職」「教会．聖職」のように聖職者の組織に関するもの，-6 が「祭祀」「仏会」「典礼．祭礼．礼拝」のように儀式や祭りに関するもの，-7 がいずれも「布教．伝道」で教えを広めることについて，-8 が「各教派．教派神道」「各宗」「各教派．教会史」のようにその宗教の中での宗派について，となっています。さらに -8 の各宗派は固有補助表を使うことで，**17 神道**，**18 仏教**，**19 キリスト教**と同様の内容に細分することができるようになっています。

−1	教　　義
−2	教史．教祖．伝記
−3	教　　典
−4	信仰・説教集．霊験．神佑
−5	教会．教団．教職
−6	祭祀．行事
−7	布教．伝道

図 23　神道各教派の共通細区分表
（『日本十進分類法新訂 10 版　本表・補助表編』p.464）

−1	教義．宗学
−2	宗史．宗祖．伝記
−3	宗　　典
−4	法話．語録．説教集
−5	寺院．僧職．宗規
−6	仏会．行持作法．法会
−7	布教．伝道

図 24　仏教各宗派の共通細区分表
（『日本十進分類法新訂 10 版　本表・補助表編』p.465）

−1	教義. 信条	
−2	教会史. 伝記	
−3	聖　　典	
−4	信仰録. 説教集	
−5	教会. 聖職	
−6	典礼. 儀式	
−7	布教. 伝道	

図 25　キリスト教各教派の共通細区分表
（『日本十進分類法新訂 10 版　本表・補助表編』p.466）

3．2類

20	**歴史. 世界史. 文化史**	
21	日本史	
22	アジア史. 東洋史	
23	ヨーロッパ史. 西洋史	
24	アフリカ史	
25	北アメリカ史	
26	南アメリカ史	
27	オセアニア史. 両極地方史	
28	伝記	
29	**地理. 地誌. 紀行**	

　2 類には，**2 歴史**と **29 地理**および **28 伝記**があります。

　数字の記号として **2 歴史**の下に **29 地理**があるのは，概念的に上下の関係があるからではもちろんなくて不均衡項目なのですが，これは 2 以下の地理区分と 29 以下の地理区分を対応させるための措置です（地理区分は **1 日本**から **7 オセアニア．両極地方**までの範囲ですので，29 の 9 が地理区分と重なることはないのです）。

　2 歴史の場合は，二桁目以降が地理区分になります。例えば，21

日本史，221 朝鮮史，23 ヨーロッパ史．西洋史，233 イギリス史と
なります（したがって，地理区分を知るために，一般補助表の地理
区分表ではなく **2 歴史** にある記号の二桁目以降を見ることも可能
です。その際の注意点はⅠ部2章3．一般補助表（2）地理区分参照）。

これに対応して，**29 地理．地誌．紀行** は三桁目以降が地理区分
になります。つまり，291 日本の地理，292.1 朝鮮の地理，293 ヨ
ーロッパの地理，293.3 イギリスの地理となります。

地域によってはその地理区分の下に時代区分ができるところもあ
ります。時代区分があるのは，**210 日本，220 アジア史．東洋史，
221 朝鮮，222 中国，223.1 ベトナム，223.5 カンボジア，223.8 ミ
ャンマー，225 インド，227 西南アジア．中東［中近東］，227.1
アフガニスタン，227.2 イラン，227.3 イラク，230 ヨーロッパ，
233 イギリス，234 ドイツ．中欧（ドイツのみ），235 フランス，
236 スペイン，237 イタリア，238 ロシア，242 エジプト，253 ア
メリカ合衆国，256 メキシコ，268 ペルー** です（このうち **223.5 カ
ンボジア** と **227 西南アジア．中東［中近東］** およびその下位の国
の時代区分は 10 版で追加になったものです）。

また，地理区分ではありませんが **231 古代ギリシア，232 古代
ローマ** も時代による区分ができます。

特定主題の歴史はその主題に分類します。例えば，法制史は **32
法律** の下の 322，経済史は **33 経済** の下の 332 などです。**2 歴史** に
は一般政治史，一般社会史，一般戦争史，文化史，災異史，対外交
渉史，革命史および総合的な歴史を分類します（文化史，災異史，
対外交渉史，戦争史は 210.1 日本史の通史にのみ挙げられていますが，
日本以外の歴史についても同様に扱います）。

地域は時代に優先するという原則，および 1～9 が 0 より優先さ

れるという原則により，まず地域に分類し，その後で時代による区
分が可能であれば時代で区分します。例えば，**2 歴史**の下は，**1 日本**，
2 アジア，**21 朝鮮**のようにまず地域で区分されています。そして
地域を限定できないもの，つまり世界史について 20 に区分します
（実際には世界史として 209 を割り当ててあります）。**21 日本史**の
下には **211 北海道地方**から **219 九州地方**までが区分されており，
地域を特定できないものを **210 日本史**に分類します。10 版では，
日本の歴史の場合は各地域についても時代で区分できるようになり
ました。沖縄県以外は固有補助表の時代区分を使用し，沖縄県は本
表にある項目に従って時代区分を使用します（なお，各地方に使用
する固有補助表の時代区分は **06 近代**までであり，**21 日本史**にある
.7 昭和・平成時代はありません）。

−02	原始時代	
−03	古	代
−04	中	世
−05	近	世
−06	近	代

図 26　日本の各地域の歴史における時代区分
（『日本十進分類法新訂 10 版　本表・補助表編』p.467）

　この原則を理解することで，フランス革命当時のパリの論述は
235.06 フランス史のフランス革命ではなく，235.3 パリの歴史に分
類することがわかります。

　ただし，特定の地域で発生した事件や出来事でも，全体に関わる
ものは全体の方に分類します。例えば，「関ヶ原の戦」は今の岐阜
県で行われましたが，単に岐阜県のできごとに留まらず日本全体に

関わることですので，215.3 岐阜県の歴史ではなく 210.48 日本全体の歴史の安土桃山時代に分類します。

なお，このように地域は時代に優先するのが原則ですが，9版では **210.025 考古学** の注として，「＊個々の遺跡・遺物に関するものは，日本史の特定の時代に収める」とありました。これはこの原則に反しますので，10版では「＊特定の地域全般に関するものおよび個々の遺跡・遺物に関するものは，211／219 に収める；ただし，個々の遺跡・遺物に関するものでも一国の歴史に関係ある遺跡・遺物は，日本史の特定の時代に収める」と改められています。

（1） 28 伝記

28 伝記 は人の歴史です。

伝記といっても，一般的な意味での伝記だけでなく，自叙伝はもちろん，日記，書簡，語録，逸話など，その人の個人的な様子をうかがい知ることができる資料もここに分類します。さらに「○○氏を偲んで」のようにその人物を中心に据えた追悼録などもここに分類します。

その資料で扱われている対象が3人以上である場合は列伝として扱い，**281／287 各国・各地域の列伝** に分類して地理区分します。

対象が1人または2人の伝記は個人伝記として，**289 個人伝記** に分類します。さらに地理区分をするか，あるいは **.1 日本人**，**.2 東洋人**，**.3 西洋人およびその他** の三つに区分することもできます。

ただし，一部には主題の方に分類する例外もあります。

まず列伝の場合ですが，特定主題に限った列伝は個人的な論述であってもその主題に分類します。**312.8 政治家 〈列伝〉**，**402.8 科学者 〈列伝〉** など，本表中に項目がある場合はそこに分類し，ない場

合にはそれぞれの主題で分類した後に形式区分の**-028 多数人の伝記**を付加することができます。

次に個人伝記の場合には，哲学者，宗教家，芸術家，スポーツ選手［スポーツマン］，諸芸に携わる者，文学者の伝記は常にそれぞれの主題に分類します。注記ではこれらの人たちは，その思想，作品，技能などと不可分の関係にあるため，と説明があります。

しかし，それ以外の主題や分野に関わる人の伝記でも，おもにその人の業績を扱っている場合にはその主題に分類した方がよいものもあります。業績ばかりが扱われていてその人の個人的な人となりを知ることができない場合には伝記とは言えないからです。

さらに天皇や王室などについても特別の規定があります。

それぞれの伝記についてどこに分類するかをまとめたのが次の表5です。

表5　各種の伝記

被伝者の種類	個人伝記	列伝
哲学者，宗教家，芸術家，スポーツ選手，諸芸に携わる者，文学者	分野	分野
それ以外の特定分野	289 個人伝記	分野
分野が特定できない	289 個人伝記	281／287 列伝
日本の皇室	288.41 天皇 288.44 皇族	288.4 皇室
外国の皇室・王室	289 個人伝記	288.49 外国の皇室・王室

288 系譜．家史．皇室には，家の歴史や皇室，天皇など，伝記に

100 │ Ⅰ部　4章　各類解説

関連するいくつかの主題や，**.6 紋章［家紋］**や**.9 旗**を分類します。

（2）29 地理．地誌．紀行

29 には地理．地誌．紀行を分類します。

291／297 に地理区分をし，さらに固有補助表がありますので細分することができます（この補助表の項目のうち，**−013 景観地理**は 10 版で追加になったものです）。

```
−013        景観地理
−017        集落地理
−0173       都市地理
−0176       村落地理
−0189       地　　名
−02         史跡．名勝
−087        写　真　集
−09         紀　　行
−091        探　検　記
−092        漂　流　記
−093        案　内　記
```

図 27　各国・各地域の地理．地誌．紀行における共通細区分表
（『日本十進分類法新訂 10 版　本表・補助表編』p.468）

−087 写真集と**−09 紀行**は，それぞれ **748 写真集**と **9□5 日記．書簡．紀行**との使い分けが必要です（□は言語区分）。

写真集の場合は，その地域を紹介するための手段として写真を使用したものは 29△087 に分類し，芸術的な写真作品は **748 写真集**に分類します（△は地理区分）。風景の写真は **748 写真集**との区別が難しいものが多いのですが，7 類の解説のところで挙げる点を基準として区分することも可能です。

紀行文は，文学者の紀行文は文学として **9□5 日記．書簡．紀行** に分類し，それ以外の著者による紀行文をここ地理の下の 29△09 に分類します。

4.3類

30	**社会科学**
31	政治
32	法律
33	経済
34	財政
35	統計
36	社会
37	教育
38	風俗習慣．民俗学．民族学
39	国防．軍事

3類は社会科学です。一般的には人文科学として扱われることの多い教育や民俗学も3類にあります（人文科学一般は **002 知識．学問．学術** に分類します）。

3類には形式区分を付加する際に「0」を削除する指示のあるところがたくさんあります。例えば，

310 政治
［.1→311］
［.2→312］

とありますので，形式区分を付加する場合，1と2については「0」

を省略します。

　しかしながら，3 類のこの「0」の省略は少々いびつな形をして
います。というのは，310 政治＋01 理論．哲学→311 政治思想とな
るのであれば，当然 310 政治＋016 方法論→311.6 政治学の方法論
となるはずですが，実際には 311.6 は本表において立憲君主主義の
記号に割り当てられており，政治学方法論としては使用することが
できません。その代わりに，311.16 として政治学方法論という項目
があります。

　311.16 が政治学方法論であることに加えて，311.19 が計量政治学，
つまり政治学の数学的研究となっていて，これは形式区分の –19 と
同じ記号ですので，.1 が形式区分の –01 に対応するのかと思うと，
政治学史は .12 ではなく .2 に割り当てられています。

　つまり，

　310 政治＋01 理論．哲学
　　　　　→311 政治学．政治思想（0 削除）
　310 政治＋012 学史
　　　　　→311.2 政治学史（0 削除）
　310 政治＋016 方法論
　　　　　→×311.6（立憲君主主義）
　　　　　→311.16 政治学方法論（1 挿入＋0 削除）
　310 政治＋019 数学的研究
　　　　　→×311.9（社会主義）
　　　　　→311.19 計量政治学（1 挿入＋0 削除）

という構造になっています。この 310 の他にも，

320 法律

[.1→321]

[.2→322]

320 法律＋01 理論．哲学

　　　　　→321 法学（0 削除）

320 法律＋012 学史

　　　　　→321.2 法学史（0 削除）

320 法律＋016 方法論

　　　　　→×321.6（記号なし）

　　　　　→321.16 法学方法論（1 挿入＋0 削除）

320 法律＋019 数学的研究

　　　　　→×321.9（比較法学）

　　　　　→記号なし

330 経済

[.1→331]

[.2→332]

330 経済＋01 理論．哲学

　　　　　→331 経済学．経済思想（0 削除）

330 経済＋012 学史

　　　　　→331.2 経済学史（0 削除）

330 経済＋016 方法論

　　　　　→×331.6（社会主義学派）

　　　　　→331.16 経済学方法論（1 挿入＋0 削除）

330 経済＋019 数学的研究

　　　　　→×331.9（記号なし）

104 | I部 4章 各類解説

→331.19 経済数学（1挿入＋0削除）

となっています。複雑ではありますが，いずれも実際の分類作業に
あたっては，記号のない法律の数学的研究以外はすでに本表に規定
されている記号を使用すればよいだけです。ただし，自分で形式区
分を付加する際には，あらかじめ本表にある記号が形式区分なのか
どうかを慎重に判断して，すでに本表にあるのに別の記号を合成す
ることのないように注意する必要があります。

（1）30 社会科学

302 政治・経済・社会・文化事情

「＊ここには，政治，経済，文化，教育，国民性，風俗などを含
む各国の事情を収める」という注があります。

この302と政治（31），経済（33），文化（361.5），国民性（361.42），
教育（37），風俗（382）との使い分けが難しいところです。

この302の注は，7版では「ここには，政治，経済，文化，教育，
風習など含めた綜合的記述を収め，地理区分する。例：中国文化事
情302.22」とあったのですが，8版以降はこの例示が削除されました。
おそらく「地理区分」という注があるので中国が302.22になるこ
とは自明であるということで削除されたのではないかと推察します
が，そのために特定の国の文化事情や国民性をここ302ではなく，

361.5 文化．文化社会学や**361.42 地方性．国民性．民族性**に分類
するようになり，その結果としてさまざまな国についての図書が混
在してしまうことが多くなっているようです。しかし本来は，ある
国や地域の社会事情や文化，国民性は302に分類し，361の方には
概念としての文化や国民性というものを社会学的に論じたものを分

類するのだと考えられます。

（2）31 政治

311 政治学．政治思想がありますが，ここにある〈.3／.9 各種の政治思想〉と 309 社会思想にある各種の○○主義，および 313 国家の形態．政治体制も使い分けが難しい分野の一つです。

例えば，民主主義については，309 社会思想の下に .1 自由主義．民主主義があるほか，311 政治学．政治思想の下には .7 民主主義があり，さらに 313 国家の形態．政治体制の下にも .7 民主制：共和制，議会政治があります。

このうち，313 国家の形態．政治体制の注に「＊ここには，国家の歴史，国体，政体〈一般〉を収め，各国の政治体制は，312.1／.7 に収める」とありますので，特定の国における民主主義は 312.1／.7 に分類することがわかります。そして 313 には民主主義という政治体制全般に関するものを分類し，309 は社会思想ですから，この下には思想としての民主主義を分類します。

（3）32 法律

32 は法律ですが，法律に関するものをすべてここに分類するわけではなく，特定の主題の法律はその主題に分類します。例えば，薬事法は 499 薬学の下の 499.091 薬事行政・法令に，農業法は 61 農業の下の 611.12 農業法に分類します。この原則を理解することにより，それぞれの主題のところに○○法という項目名がなかったとしても，その主題のところに分類するべきだということがわかります。例えば，独占禁止法という項目は本表にはないのですが 335.57 独占禁止のところに分類します。

そしてここ **32 法律**に分類するのは，六法つまり憲法（323），民法（324），商法（325），刑法（326），民事訴訟法（327.2），刑事訴訟法（327.6）と，行政法（323.9），刑事特別法（326.8），少年法（327.8），国際法（329。ただし，特定の条約はその主題）です。

また，法律そのものだけでなく，法律に関連する主題もここに分類するものがあります。例えば，**326 刑法**の下には **326.3 刑事政策．犯罪学**，**327 司法．訴訟手続法**の下には **327.014 裁判心理学**，さらに **327.1 司法制度**の下に各種の裁判所などがあります。また，弁護士に関するものは **327.14 弁護士法．弁護士制度．弁護技術**に分類します（「法」「制度」「技術」に関するものでなくても，です）。

その他の諸法はその主題に分類するのが原則で，例えば労働法は **366 労働経済．労働問題**の下の **.14 労働法〈一般〉**に，鉱業法は **560 金属工学．鉱山工学**の下の **.91 鉱業政策・行政．鉱業法．鉱業権**に分類しますが，別法として 328 にまとめて分類することもできるようになっています。

322 法制史は，**.1 日本法制史**，**.2 東洋法制史**，**.21 朝鮮**となっていて一見すると地理区分のように見えますが，厳密には地理区分ではありませんので，本表にある記号のみを使用します。例えば，アメリカ合衆国の法制史は 322.53 ではなく **322.5 北アメリカ法制史**です。逆に，地理区分としては古代ローマというものはないのですが，ローマ法のために 322.32 として項目が立てられていますのでこれを使用します（古代ギリシアの法制史の場合は，322.31 がありませんので **322.3 西洋法制史**とします）。

ただし，この 322 の下に挙げられているのは地理区分である，と考えることも可能です。この 322 は **32 法律**＋02（形式区分）→320.2 が，本表にある［.2→322］の指示によって 322 となったも

のです。そして形式区分の -02 の後ろには地理区分を付加できるのですから，322 の後ろにも地理区分が付加できると考えることも可能です。しかし，同様に 0 を削除するところ，例えば 31 政治の .2→312，33 経済の .2→332，34 財政の .2→342 などでは，その下に「＊地理区分」と明記してありますが，322 にはこれがありませんので地理区分ではないと考える方がよいでしょう。

日本の法制史全般は 322.1 ですが，個別の法律の歴史は個別の法律に分類します。例えば，民法の歴史は **324 民法**の下の **324.02 民法史**です。

イスラム法全般は，歴史ではなくても **322 法制史**の下の **322.28 アラビア：イスラム法**に分類します。

行政訴訟という項目は挙げられていませんが，**323.96 行政救済**の行政争訟に含まれると考えられますのでここに分類します。

刑法や行政法などを含む公法一般は **323 憲法**に分類し，民法や商法などを含む私法一般は **324 民法**に分類します。

なお，**323 憲法**，**323.9 行政法**，**324 民法**，**325 商法**，**326 刑法**，**327 司法．訴訟手続法**には日本の法律を分類し，外国の法律はそれぞれ，**323.2／.7 外国の憲法**，**323.99 外国の行政法**，**324.9 外国の民法**，**325.9 外国の商法**，**326.9 外国の刑法**，**327.9 外国の司法制度・訴訟制度**に分類して地理区分します。

（4）33 経済

31 政治，**32 法律**などと同様に

33 経済
［.1→331］

108 | Ⅰ部　4章　各類解説

[.2→332]

とありますので，形式区分の **-01 理論．哲学**と **-02 歴史的．地域的論述**を付加する際には0を削除することがわかります。

　しかし，それ以外の形式区分を付与する場合には0を削除しませんので，例えば **33 経済**＋**033 事典**→**330.33 経済の事典**のように0を付けたままつなげます。

　330 経済の英語が「Economy」ではなく「Economics」であり，**331 経済学**の英語が「Economic theory and thought」になっているため，「経済」と「経済学」の区別が今ひとつ明確ではないのですが，日本語の「経済」と「経済学」と理解しておけばよいでしょう。

　331.3／.7 学派別のところに，主要な経済学者を学派別に分類するようになっています。例えば，アダム・スミスは **.4 古典学派**の下の **.42 スミス**に，マルクス経済学は **331.6 社会主義学派．マルクス経済学派**に分類します。

　注として「＊掲出されていない経済学者の学説は，該当する学派の下に収める」とありますが，現代の経済学者は該当する学派が明確でない人も多く，学派により分類することが困難です。そのため，主題がはっきりしている場合には **331.8 経済各論**に分類することも多いようです。

（5）36 社会

　361 社会学は，**361.2 社会学説史**の注に「＊個々の社会学者の学説・体系を形成する著作および著作集は，ここに収める」とあり，**.21 日本社会学**をはじめ国別に細分できるようになっています。

　「○○社会学」という主題の場合，多くはそれぞれの主題に分類

します。例えば，政治社会学は **31 政治**の下の **311.13 政治社会学**に，法社会学は **32 法律**の下の **321.3 法社会学**に，教育社会学は **37 教育**の下の **371.3 教育社会学**に分類します。しかし，農村社会学，山村社会学，漁村社会学はいずれも **361 社会学**の下の 361.76 に，都市社会学も **361 社会学**の下の 361.78 に分類します。

364 社会保障には，社会保険や健康保険，公的年金など，経済的な保障制度を分類します。注記として「＊福祉国家論は，ここに収める」とありますが，社会福祉は **369 社会福祉**に分類しますので使い分けが難しいところです。扱っている内容が「福祉国家」と表記されていればここ **364 社会保障**に分類すればよいでしょう。

369 は社会福祉です。「福祉」というと社会的に立場の弱い人たちに対して行政などが援助するというイメージがありますが，**369 社会福祉**に分類するのはそれだけに限らず，障害者や被災者など，福祉の対象となりうる人たちに関するもの全般も含まれます。

（6）38 風俗習慣．民俗学．民族学

8 版までは民俗学が 38 で民族学が 389 という区別がありましたが，9 版からは 38 に統合され，389 は学問としての民族学や文化人類学のみを分類する項目になりました。民族学的研究や文化人類学的研究であっても，具体的に特定の民族を扱ったものは民俗学と同じ 382 に分類することになります（ただし，学問としての民俗学は **380.1 民間伝承論．民俗学**のままですので **389 民族学**と分かれたままです）。

この **38 風俗習慣．民俗学．民族学**は，その範囲が非常に曖昧な項目です。風俗習慣ですから伝統的なものが該当するのはわかりやすいのですが，現在行われている風俗もここに分類できます。とこ

110 | I部 4章 各類解説

ろが現代の生活は他の項目としても挙げられているものがあります
ので，それらとの区別が難しいのです。

　例えば，**383.885 飲酒史**というのがあります。戦前の農村でどの
ように酒を造り飲んでいたか，というのがここに分類されるのはわ
かりやすいのですが，現代においてワインをどのように飲むか，と
いうことになると，ここよりも **596 食品．料理**の下の**.7 飲料：酒，
コーヒー，茶，カクテル**の方がふさわしいように思えます（製造に
ついて論じているわけではありませんので，**588 食品工業**の下の
.55 果実酒ではありません）。

　しかし，現代の若者がどのようなファッションを好んでいるか，
という主題については **383.1 服装．服飾史**で問題ありません。先に
現代のワインが相応しいと述べた 596.7 と同じ **59 家政学．生活科
学**のところの衣服としては **593 衣服．裁縫**があるのですが，ここ
には好みや流行ではなく，家庭で製作することに関するものを分類
します。

5．4 類

40	**自然科学**
41	数学
42	物理学
43	化学
44	天文学．宇宙科学
45	地球科学．地学
46	生物科学．一般生物学
47	植物学
48	動物学

49　医学. 薬学

　4類には**4 自然科学**と**49 医学**，**499 薬学**を分類します。**47 植物学**と**48 動物学**は字下げされていますので縮約項目であり，**46 生物科学. 一般生物学**の下位の概念です。また，**49 医学. 薬学**は**40 自然科学**と同じ位置に字上げされていますので，不均衡項目であり，**4 自然科学**と同列であって下位概念ではありません。さらに**499 薬学**は第3次区分表で字上げされていて，医学と同じレベルです。したがって，**4 自然科学**，**49 医学**，**499 薬学**はすべて同じレベルであるということになります。

490	**医学**
491	基礎医学
492	臨床医学. 診断・治療
493	内科学
494	外科学
495	婦人科学. 産科学
496	眼科学. 耳鼻咽喉科学
497	歯科学
498	衛生学. 公衆衛生. 予防医学
499	**薬学**

図28　第3次区分表の490の部分
（『日本十進分類法新訂10版　本表・補助表編』p.57）

　47 植物学と**48 動物学**には自然科学として扱ったものを分類し，同じ植物や動物でも，人間とのかかわりに関するものは**6 産業**の下の，**61 農業**，**62 園芸**，**63 蚕糸業**，**64 畜産業**，**65 林業**，**66 水産業**に分類します。

6．5類

50	**技術．工学**
51	建設工学．土木工学
52	建築学
53	機械工学．原子力工学
54	電気工学
55	海洋工学．船舶工学．兵器．軍事工学
56	金属工学．鉱山工学
57	化学工業
58	製造工業
59	**家政学．生活科学**

　5 技術．工学と**59 家政学．生活科学**があります。**59 家政学．生活科学**は不均衡項目で，**5 技術**の下位概念ではありません。

　59 家政学．生活科学は 7 版では「家事（家政学）」という項目だったものが，8 版から「家政学．生活科学」になったものです。ですから基本的には家庭生活のノウハウを扱ったものを分類し，実際にどのように行われているかという民俗は**38 風俗習慣．民俗学．民族学**に，製造物としての工業製品は**58 製造工業**に，店舗で提供されるサービスについては**673.9 サービス産業**などに分類します。ただし，**596 食品．料理**については特に家庭内に限らず，料理一般に関するものを分類します。

　510／580 については固有補助表（図 29）が用意されていますが，5 類は項目数が多いので，10 版を使用する場合は本表のものではなく巻末の表を参照するようにした方が見やすいと思います。

－09	経済的・経営的観点
－091	政策. 行政. 法令
－092	歴史・事情
	＊地理区分
－093	金融. 市場. 生産費
－095	経営. 会計
－096	労　　働

図29　各種の技術・工学における経済的，経営的観点の細区分表
（『日本十進分類法新訂10版　本表・補助表編』p.469）

（1）519 環境工学. 公害

8版と9版までは「公害. 環境工学」という項目名で，おもに公害という限定された特殊な主題を分類する記号でしたが，今日では公害に限らず広く環境問題一般にも使用されるようになっています。これを受けて10版では「環境工学. 公害」という名称に変更されました。

また，.9 防災科学. 防災工学〈一般〉という項目があります。最近よく耳にする「危機管理」を主題とする本の場合，事故一般を扱っている場合にはこの.9 防災科学に分類できるものが少なくありません（これも不均衡項目です）。

（2）52 建築

－087	建築図集

図30　様式別の建築における図集
（『日本十進分類法新訂10版　本表・補助表編』p.470）

521／523 様式別の建築に使用する固有補助表として，－087 建築図集が用意されていますので，対象資料が図集である場合に，087

114 | Ⅰ部 4章 各類解説

を付加することができます。

（3）58 製造工業

食品の製造に関する分類記号としては，**588 食品工業**と**619 農産物製造・加工**とがあります。

同じ小麦粉を使用する食品でも，パン・菓子は**588 食品工業**に，麺類は**619 農産物製造・加工**に分類するため分かれてしまいます。

一部を抜粋して表にまとめてみましょう（表6）。比較のために，588 の項目に対して似ている 619 の項目が右側に来るようにしてあります。

境界が曖昧なものもありますが，どちらかというと**588 食品工業**は 58 製造工業の下ですから工業製品としての側面が強いものを分類し，**619 農産物製造・加工**は 61 農業の下ですので農産物に少し手を加えたものを分類するようです（ただし，コーラはお茶やコーヒーに比べると加工の度合いが高いので，その他の炭酸飲料やサイダーとともに 588.4 がふさわしいようにも思います）。このように考えると，作物を少し加工した香辛料は，ほとんどの場合で 619.91 の方に分類することになるでしょう。

また，表6では農産物製造・加工だけを取り上げましたが，同じ缶詰でも，肉の缶詰は**648 畜産製造. 畜産物**の下の**648.24 食肉加工. 食肉貯蔵**に，魚の缶詰は**667 水産製造. 水産食品**の下の**667.9 水産缶詰**に分類します。

なお，これらはいずれも製造物としての扱いを分類するところで，食べたり飲んだりする対象については，**596 食品. 料理**に分類します。

6.5類 | *115*

表6 588 食品工業と 619 農産物製造・加工

588	食品工業	619	農産物製造・加工
.3	パン	.39	麺類：うどん，そば，マカロニ，麩
.33	ビスケット．クラッカー		
.34	キャンデー．チョコレート		
.35	洋菓子．生洋菓子：ケーキ．パイ		
.36	和菓子．和生菓子		
.37	干菓子		
.38	飴類．糖菓		
.4	清涼飲料：炭酸飲料，サイダー，ラムネ，果汁，酸性飲料*	.8	製茶：緑茶，紅茶，ウーロン茶，包種茶
		.89	コーヒー．ココア．コーラ
.5	醗酵工業．酒類		
.51	醸造学．醗酵．工業微生物学	.16	醗酵微生物：かび，酵母，細菌
.6	調味料：醤油，ソース，食酢，味噌	.6	大豆・豆類製品：納豆，豆腐，凍豆腐，湯葉
		.7	芋類加工．こんにゃく
.7	香辛料（例示なし）	.91	香辛料：こしょう，とうがらし，カレー粉
.9	食品保存：保存食品		
.93	缶詰．びん詰		
.95	冷凍食品		
.97	インスタント食品．レトルト食品		

＊「酸性飲料」が何を指すのか明記されていませんが，単なる酸性の飲み物ではないはずです。この項目は6版では「乳酸飲料」，7版では「酸性飲料（乳酸菌飲料）」だったものが8版から「酸性飲料」だけになりました。なぜ「乳酸菌飲料」という表記が削除されたのかはわかりませんが，索引にもありますので少なくとも乳酸菌飲料はここに分類することになります。

116 ｜ Ⅰ部 4章 各類解説

7. 6類

60 **産業**
61 　農業
62 　園芸. 造園
63 　蚕糸業
64 　畜産業. 獣医学
65 　林業. 狩猟
66 　水産業
67 　商業
68 　運輸. 交通. 観光事業
69 　通信事業

　6類は産業ですが，第1次産業と第3次産業が対象です。第2次産業である工鉱建設業は **5 技術. 工学**に分類しますので，「産業社会」というときの「産業」は5類の方が適切であることになります。

　600産業の注として，「＊ここには，農林水産業および商業を収め，工業は500の下に収める」とあるのですが，10版の「各類概説」では「産業総記（600／609）は第二次産業（5類）を含めた産業一般を収める.」「農林水産業の総記は農業総記（610.1／.8）が兼ねて

表7　6産業における総記の分類記号

分野	NDC
農林水産業，工業，商業	600
農林水産業，商業	
農林水産業	610
農業	
商業	670
工業	500

7．6類 | *117*

いる.」と明記されています。これらを整理すると，表7のように
なります。

（1）673 商業経営．商店

　673.9 サービス産業に，音楽・演劇・映画産業（760／779），観
光事業（689），スポーツ関連（780.9）はそれぞれのところに分類
するよう注がありますが，それ以外のもの，例えばインターネット
関連業や出版業，デザイン業などについてもそれぞれのところに分
類するのがNDCの原則にかないます。

　他方，.93から.99に各種のサービス産業が挙げられていますが，
.94から.99に含まれないものは（通常なら上位の.9に分類するの
がNDCの原則ですが），.93に分類するよう注記があります。そう
すると，それ以外のものについて，それぞれの主題に分類するのか，
あるいは.93に分類するのか，という疑問が生じます。これについ
ては，その他の産業がNDCにおいて明確な位置を占めている場合
はそこに分類し，特に明確な位置づけがないもののうち，.94から
.99に含まれないものについて.93に分類する，と考えればよいで
しょう。

（2）699 放送事業

.6 放送番組：番組編成，視聴率

　「＊個々の番組あるいは写真や活字で番組そのものを再現したよ
うな出版物は，.63／.69に収める；ただし，個々の番組内容の主題
を出版物として編纂したものは，各主題の下に収める」とあります
ので，番組の内容をそのまま収録したものはここに分類し，テーマ
は同じでも出版物として再構成したものはそれぞれの主題に分類し

ます。

ところが，テレビドラマをそのまま収録したDVDは，699.6の注にある「個々の番組」ですので，**.67 演劇・ドラマ番組．演芸・娯楽番組**に分類すると考えられるのですが，**778 映画**の下にも**.8 テレビ演劇．放送劇**というものがあり，使い分けは不明です。一つの考え方として，図書の場合は699の下に分類し，DVDなど映像資料は778の下に分類するという方法もあると思いますが，その場合は同じテレビ番組でも，ドラマは778.8に，その他の教養番組や報道番組は699.63にと分かれてしまうことになります。

8．7類

70	**芸術．美術**
71	彫刻．オブジェ
72	絵画．書．書道
73	版画．印章．篆刻．印譜
74	写真．印刷
75	工芸
76	音楽．舞踊．バレエ
77	演劇．映画．大衆芸能
78	**スポーツ．体育**
79	**諸芸．娯楽**

7類は**7 芸術．美術**，**78 スポーツ．体育**，**79 諸芸．娯楽**を収めます。スポーツ．体育と諸芸．娯楽は不均衡項目であり，芸術の下位ではありません。

（1）70 芸術．美術

－087　　　　美術図集

図31　写真・印刷を除く各美術の図集に関する共通細区分表
（『日本十進分類法新訂 10 版　本表・補助表編』p.471）

　700／739 および 750／759 については固有補助表として，**−087 美術図集**が用意されています。使用できないのは **74 写真**と **749 印刷**ですが，**74 写真**については図集に相当する **748 写真集**という項目が本表にあるために固有補助表の対象としては除外されています。また，**749 印刷**に使用できないのは，印刷の美術図集というものはないという考えだと思われます（印刷された美術図集も，油絵や木版画などのオリジナルの美術のところに分類します）。**749.7 孔版**にシルクスクリーン法がありますが，シルクスクリーンによる美術作品は **737 写真版画．孔版画**に分類しますので，シルクスクリーンの作品集は 737.087 となります。

（2）702 芸術史．美術史

　〈.02／.07　時代・様式別〉と〈.1／.7 地域別〉とがあり，時代・様式と地域によって区分します。

　1〜9 は 0 に優先します（3 章 10）ので，絵画や彫刻など特定の形式についてはそれぞれの形式に分類します。例えば，絵画の歴史であれば **702 芸術史．美術史**ではなく **72 絵画**のところです。702 に分類するのは形式が特定できないものです。

　さらに地域が時代に優先します。ですから日本の現代美術は **702.07 現代美術**ではなく，**702.1 日本芸術史・美術史**に分類し，さらに時代区分をして **702.16 近代**となります。このことから，**723 洋画**についても〈.02／.07 時代別〉より〈.1／.7 地域別〉が優先さ

120 | Ⅰ部　4章　各類解説

れることがわかります。このことをまとめたのが次の図32です。

```
702.02／.07,09    芸術史. 美術史の時代・様式別      低
702.1／.7            〃      の地域別                    優
723.02／.07       洋画      の時代別                    先
                                                        度
723.1／.7            〃      の地域別                    高

70より72が優先され，.02／.07,09より.1／.7が優先されます。
```

図32　7 芸術における時代と地域の考え方

　実際に分類作業をする場合は，まず形式が特定できるのであればその形式に分類します。その中で地域が限定されているのであればその地域で細分し，さらにその下に時代区分があれば時代区分をします。もし地域が限定できないのであれば時代で細分します。

　時代・様式別とはいうものの，**702.03 古代美術**のエジプト，メソポタミア等や**702.04 中世美術**のビザンチンには地域の概念が入っています。地理区分としては，例えばエジプトは -42 ですから702.42 となりますが，古代エジプトについては古代美術として702.03 を付与するようになっています。この場合には古代エジプトはエジプトの地理区分よりも優先されます。これは .02／.07 が単なる時代区分ではなく，様式別の区分でもあるため，地理区分よりも様式を優先させるのだと考えればよいでしょう。

702.2／.7 外国の芸術史・美術史

　「＊西洋芸術史・美術史〈一般〉は .3 に収める；ただし，主要な様式の歴史，研究・評論は，.02／.07 に収める」とあります。これは，西洋という地理区分よりも，.02／.07 の時代・様式別を優先させる

という注記です。こちらも上で述べたエジプトなどと同様に，地域よりも様式を優先させるためであると考えられます。

（3）71 彫刻

原則としてその材料により 713／717 に区分して，木彫は 713，石彫は 714 のようになりますが，仏像だけはまず **718 仏像**に分類し，材料が限定される場合はその下に **.3 木仏**，**.4 石仏**のように細分します。

現代美術では，彫刻といっても単に素材を彫るだけではなく，金属などを組み立てたものも彫刻と呼びますので，**719 オブジェ**との区別が付きにくくなっていますが，**719 オブジェ**は既製品や廃材を利用したものと考えればよいでしょう。

（4）724 絵画材料・技法

724 絵画材料・技法は画法つまり絵の描き方や技術について書かれた資料を分類するところで，描かれた絵そのものについての研究や画集は 721／723 に分類します。例えば，人物画の画集は **724.55 人物画**ではなく，**723.1 日本の絵画**などに分類します。7 類の芸術は **9 文学**などと同様に，主題ではなく形式で分類するため，何が描かれているかということは分類には反映されないのです。

漫画作品は **726 漫画. 挿絵. 児童画**の下の **.1 漫画. 劇画. 風刺画**に分類しますが，浦田賢治『まんが日本国憲法』（講談社，1996）のように特定の主題について述べるための手段として，文章ではなく漫画という形式を採用しただけのものについてはその主題に分類します。逆に，特定の主題を持っていても，漫画作品であることに意味のある作品は漫画に分類します。両者の境界は必ずしも

明確ではありませんが，漫画で表現された内容を文章で書き直したと想像してみて，その意味や価値が変わらないものは形式ではなく主題に分類すると考えることも有効です。

なお，このように形式か主題かで迷いやすいものには他にも次に見る **748 写真集** があります。

（5）748 写真集

726.1 漫画．劇画．風刺画と同様に，ある主題を表現する手段として写真を採用しただけのものは主題に分類し，芸術作品としての写真集はここ **748 写真集**に分類します。

例えば，同じ海外の風景を写した写真集でも，その国を紹介するためのものであれば **29 地理**の下の 29△087 に分類し，芸術作品としての写真集であれば **7 芸術**の下の **748 写真集**に分類します。判断に迷う場合，撮影者が芸術写真家かどうかも一つの基準になります。また，撮影した内容について解説があればその主題に分類し，使用したカメラの機種や露出など撮影に関する情報が書かれていれば 748 に分類するという判断の方法もあります。

（6）75 工芸

751 陶磁工芸の下には **.4 粘土工芸〈一般〉．装飾レンガ・タイル．土器：はにわ，明器，古瓦**，**756 金工芸**の下には **.5 古鏡．鏡工**，というのがあり，埴輪や古鏡も **2 歴史**ではなく **75 工芸**のところに分類することになっています。ただし，埴輪や古鏡を材料としてその地域の歴史を論じたものであればその地域の歴史に分類する方がよいでしょう。**75 工芸**に分類するのは埴輪や古鏡そのものを扱っている場合になります。

（7）778 映画

各国の映画に関するものや，映画そのもの（を収録した DVD など）は **.2 映画史. 各国の映画**に分類して地理区分します。ただし，一部の映画には別の記号が与えられています。

.7　　各種映画：科学映画，記録映画，教育映画

.74　　　ニュース映画

.77　　　漫画映画. アニメーション［動画］

.8　テレビ演劇. 放送劇

このうち **.8 テレビ演劇**は不均衡項目であり，**778 映画**とは別の項目ですが，いずれにせよ上記の分野のものは通常の映画とは別の分類記号となります。

.8 テレビ演劇については，**699 放送事業**の下に **.67 演劇・ドラマ番組. 演芸・娯楽番組**というのがあり，これとの使い分けが難しいところです（本章 7．6 類（2）699 放送事業参照）。

9．8 類

80　**言語**

81　　日本語

82　　中国語. その他の東洋の諸言語

83　　英語

84　　ドイツ語. その他のゲルマン諸語

85　　フランス語. プロバンス語

86　　スペイン語. ポルトガル語

87　　イタリア語. その他のロマンス諸語

124 | Ⅰ部　4章　各類解説

88　　ロシア語. その他のスラブ諸語
89　　その他の諸言語

8類は言語です。

　−1　　音声. 音韻. 文字
　−2　　語源. 意味［語義］
　−3　　辞　　　典
　　　　　＊語彙に関する辞典に，使用する；その他の主題に関する辞典には，形式区分−033
　　　　　　を使用する
　−4　　語　　　彙
　−5　　文法. 語法
　−6　　文章. 文体. 作文
　−7　　読本. 解釈. 会話
　−78　　会　　　話
　−8　　方言. 訛語

図33　言語共通区分
(『日本十進分類法新訂10版　本表・補助表編』p.472)

　8の次は言語で区分します。言語で区分した後に言語共通区分で
細分することができます。主要な言語については言語共通区分やそ
れより詳しく区分されたものが本表に展開されていますが，その他
の言語についても言語共通区分を付加することができます。形式区
分を付加する場合はその後に付加します。つまり，

---

8 ＋ 言語区分 ＋(言語共通区分)＋(形式区分)

という構成になります。
　例えば，フランス語の文法の辞典は，

8言語 ＋ 5フランス語 ＋ 5文法 ＋ 033辞典 → 855.033

です。

801 言語学のところに，

.01 言語哲学．言語美学
.019 言語統計学．言語数計学

等とあり，これらは形式区分と共通しています。しかし，言語学史
については，801 の下に **.02 言語学史**がありますので，形式区分を
使用して 801.012 や 801.2 にするのではなく，あらかじめ本表にあ
る 801.02 を使用します。

さらに，

.03 言語社会学．社会言語学
.04 言語心理学

とありますので，形式区分の **–03 参考図書**や **–04 論文集**などを付
加する際には 0 を追加して，801.003，801.004 などとする必要があ
ります（このことは NDC には書かれていませんが，すでに本表に
ある記号との抵触を避けるために 0 を追加するという原理により，
ここでも 0 を追加するべきです）。

言語共通区分

8 言語のところには，それぞれの言語の記号の後ろに言語共通区
分を付加することができます。

日本語や英語などについてはこの言語共通区分よりも詳しい区分
があらかじめ本表に展開されています。例えば，言語共通区分では

音声．音韻．文字に –1 のみを使用しますが，**811 日本語の音声．音韻．文字**ではさらに，**.1 音声．発音．音韻**，**.14 アクセント．イントネーション**のように，言語共通区分よりも細かく区分されています。そのため 10 版では，すでに本表で詳しく展開されている日本語，中国語，朝鮮語以外の言語についても，英語に準じて詳しく細分してよいことになりました。

　ただし，○○諸語とあるところや複数の言語で共有している分類記号には言語共通区分は付加しません。

形式区分

　8 言語には言語共通区分の後ろに，形式区分も付加することができます。言語共通区分は **–1 音声．音韻．文字**，**–2 語源．意味［語義］**のように言語に関わる主題を表すもので，形式区分は **–01 理論．哲学**，**–02 歴史的・地域的論述**のように形式や方法に関する特徴を表しますが，辞典については，言語共通区分の **–3 辞典**と形式区分の **–033 辞典．事典**の両方に設定されています。**8 言語**のところではこのどちらも使用できるのですが，言語共通区分の **–3 辞典**は語彙に関するものに，形式区分の **–033 辞典，事典**はその他の主題に関するものに使用します。

　言語政策という主題については，**802 言語史・事情．言語政策**という項目があるのですが，ここに収めるものの注として，「言語政策〈一般〉に関する著作および特定地域の言語政策に関する著作で，その対象中に極めて優勢な言語または諸語が存在しないもの　例：802.51 カナダの言語政策」とあります。それでは「アメリカ合衆国の言語政策」のように，特定地域の言語政策に関する著作で，その

9. 8類 | *127*

対象中に優勢な言語がある場合はどうすればよいのでしょうか。

この場合，**81 日本語**の下には**810.9 国語政策**がありますので，他の言語の言語政策もこれと同様にそれぞれの言語に分類するのだと考えられます（前章 12. 隠れている記号の推定参照）。つまり，アメリカ合衆国の言語政策は，極めて優勢な言語が英語ですから**83 英語**に分類し，その下には日本語の国語政策の 810.9 のような記号（つまり 830.9）がありませんので 830 までにとどめるのだと考えられます。このように，言語政策は国という地域的要素を持つものですが，優勢な言語がある場合にはその言語に分類しますので，地域の概念を反映させることはできません。

a．801.7 翻訳法．解釈法．会話法

9 版では「＊特定の言語の翻訳に関するものも，ここに収める」と注がありましたが，10 版では削除されました。三つ挙げられている項目のうち，解釈と会話については各言語の下に，例えば**837.5 英文解釈．英文和訳**や**837.8 英会話**がありますのでそれぞれの言語に分類します。しかし，翻訳については 9 版では特定の言語の翻訳もここ 801.7 に分類することになっていました。これに対して 10 版では，「特定の言語の翻訳法は，図書の性格によってはそれぞれの言語に分類した方がよい場合もあるので注記を削除」[8] したそうです。藤岡啓介著『英語翻訳練習帳』（丸善，2001）のように主題が翻訳というよりもその言語である場合にはそれぞれの言語に分類するなど，「翻訳というもの」が主かそれぞれの言語が主かを見極めて分類することになります。

8：日本図書館協会 8 類 10 版試案．http://www.jla.or.jp/committees/bunrui/tabid/471/Default.aspx

128 | I部 4章 各類解説

b. 83 英語

830 は英語です。「＊アメリカ英語も，ここに収める」とあるように，NDC ではイギリス英語とアメリカ英語を区別しません。同様に，スペインのスペイン語と南米のスペイン語，ポルトガルのポルトガル語とブラジルのポルトガル語なども区別しません。

ただし，カナダやオーストラリアなどの英語の特徴を論じたものは方言として **838 方言. 訛語**に分類することができます。

また，「＊特定分野における英語研究は，各主題の下に収める 例：430.7 化学英語」とありますので，数学の英語，医学や工学のドイツ語，料理のイタリア語のように，特定の分野に限定された外国語について解説したものはそれぞれの分野に分類し，形式区分の -07 を付加すると考えられます（I部2章3．一般補助表参照）。ただし，ビジネス英語などビジネスや貿易に関わる語学は，本表に **670.9 商用語学**という項目がありますので，ここに分類して言語区分により細分します。

c. その他の○○諸語

ゲルマン諸語一般は **849 その他のゲルマン諸語**，ロマンス諸語一般は **879 その他のロマンス諸語**，スラブ諸語一般は **889 その他のスラブ諸語**に分類します。これらについては，例えばゲルマン諸語の一部であるドイツ語が 84 で，ゲルマン諸語一般が 849 のように一般が特殊より後ろにあるという例外的な構造になっています（不均衡項目ですので，後ろにあるというだけで下位にあるわけではありません）。

10. 9類

90	**文学**
91	日本文学
92	中国文学．その他の東洋文学
93	英米文学
94	ドイツ文学．その他のゲルマン文学
95	フランス文学．プロバンス文学
96	スペイン文学．ポルトガル文学
97	イタリア文学．その他のロマンス文学
98	ロシア・ソビエト文学．その他のスラブ文学
99	その他の諸言語文学

9類は文学です。

9の次は言語で区分します。言語で区分した後に文学形式（文学共通区分 図34）で分類します。主要な言語については文学形式を含めたものまで本表に展開されていますが，本表ではそこまで展開されていない言語についても文学共通区分を付加することができます。言語によってはさらに時代区分することができるものもありますし，その後に形式区分をすることもできます。つまり，

---

9 ＋ 言語区分 ＋（文学共通区分）＋（時代区分）＋（形式区分）

という構成になります。

例えば，江戸時代の日本の物語の辞典は，

9文学 ＋ 1日本語 ＋ 3小説．物語 ＋ 5近世 ＋ 033辞典 → 913.5033

---

130 │ I部 4章 各類解説

- -1 詩　　歌
  - ＊詩劇→-2
- -18 児童詩. 童謡
  - ＊日本語の児童詩・童謡→911.58
- -2 戯　　曲
  - ＊小説を戯曲化したものは，脚色者の戯曲として扱う
  - ＊劇詩→-1
- -28 児童劇. 童話劇
- -3 小説. 物語
  - ＊映画・テレビシナリオ，演劇台本，漫画などを小説化したもの（ノベライゼーション）は，小説として扱う
  - ＊詩または戯曲の筋を物語化したものには，原作の文学形式の記号を使用する；ただし，児童向けに物語化したものは，物語として扱う
- -38 童　　話
- -4 評論. エッセイ. 随筆
  - ＊文学形式が不明のものにも，使用する
- -5 日記. 書簡. 紀行
  - ＊いわゆる文学作品とみなされるもの，または文学者の著作に，使用する；ただし，文学者の著作であっても，特定の主題を有するものは，その主題の下に収める
  - ＊一般の紀行→29△09；一般の日記・書簡→280；日記体・書簡体小説→9□3
- -6 記録. 手記. ルポルタージュ
  - ＊体験や調査に基づいて書かれているものに，使用する
- -7 箴言. アフォリズム. 寸言
  - ＊短文形式のものに，使用する
  - ＊狂歌→911.19；風刺詩→9□1；ユーモア小説→9□3
- -8 作品集：全集，選集
  - ＊個人または複数作家の文学形式を特定できない作品集に，使用する；特定できるものは，その形式の記号を使用する
  - ＊作品集ではない研究の叢書などには，形式区分-08を使用する
- -88 児童文学作品集：全集，選集

図34　文学共通区分
（『日本十進分類法新訂10版　本表・補助表編』p.473）

です。

これらの要素について順に見ていきましょう。

（1）言語区分

9文学は書いた人の国籍や書かれた地域ではなく，書かれた言語で分類します。ですから，日本人が書いたものはもちろんのこと，

アメリカ人が書いても中国人が書いても，日本語で書かれたものはすべて日本文学に分類します。同様に，日本人がドイツ語で書いた小説はドイツ文学に分類します。

また，翻訳された文学は，原作の言語で分類します。ドイツ語の小説を日本語に翻訳してもドイツ文学です。このような日本語への翻訳の場合は比較的わかりやすいと思いますが，ドイツ語の小説を英語に翻訳したもの，つまり本文が英語で書かれているものも原作の言語で分類してドイツ文学になるというのはとまどうかも知れません。

翻訳をさらに別の言語に訳した重訳の場合も最初に書かれた原作の言語で分類します。例えば，ノルウェー語で書かれた小説のドイツ語訳を日本語に訳したヨースタイン・ゴルデル著『ソフィーの世界』（日本放送出版協会，1995）は，著者が最初に著した言語であるノルウェー語の小説として分類します。

8 言語ではイギリス英語とアメリカ英語を区別せず，ともに **83 英語**として扱います。そのため，文学としてもアメリカ文学とイギリス文学を区別せず，ともに **93 英米文学**とします（アメリカ文学とイギリス文学を区別したり，英米以外の英語文学や，フランス以外のフランス語文学などを別に分類する別法も用意されています）。

翻訳されたものは原著と同じ分類にしますが，翻案となると原則として翻案された形式に分類します。例えば，スタンダールの小説『赤と黒』を大岡昇平が戯曲にした『戯曲・赤と黒』は，日本の現代戯曲（912.6）に分類します。ただし，詩または戯曲を物語化したものは原作と同じ分類とします。

先に「9．8類」のところで見たように，**8 言語**も 8 の直後は言語区分です。そこで，本表の **9 文学**の一部では，**929 その他の東洋**

132 | I 部 4 章 各類解説

文学のところの「＊829 のように言語区分」のように，言語による細分を省略しているところがあります。このような注があるところでは，8 類のところでその言語を探して，8 を 9 に置き換えればその言語で書かれた文学の分類記号が得られます。

（2）文学共通区分（文学形式）

9 類の文学に使用して，その形式を細分することができます。おもなものは，**-1 詩**，**-2 戯曲**，**-3 小説．物語**，**-4 評論．エッセイ．随筆**，**-5 日記．書簡．紀行**，**-6 記録．手記．ルポルタージュ**，**-7 箴言．アフォリズム．寸言**，**-8 作品集**です。

おもな言語の文学についてはあらかじめ本表に項目が挙げられていますが，それ以外の言語の文学についても文学形式で区分することができます。ただし，○○諸語のところや複数の言語で一つの分類記号を共有しているところには使用しません。

a. -1 詩

散文詩は一見すると散文ですので詩とはわかりにくいのですが，索引によると**-1 詩**に分類することになっています。

b. -5 日記．書簡．紀行

文学者が著したものをここ文学に分類します。文学者以外の人が書いた日記や書簡は伝記資料として **289 個人伝記**に分類します。また，文学者以外の紀行文は旅行記として **29 地理**の下の **29△09 紀行**に分類します。

しかし，NDC の注にある「ただし，文学者の著作であっても，特定の主題を有するものは，その主題の下に収める」というのはわかりにくい注記です。文学者が書いたドイツ旅行記は，ドイツ（もしくはドイツ旅行）という特定の主題がありますが，一般には **9 文**

学の紀行に分類します。したがって，この注は，その旅行について特にテーマがある場合や，特定の主題について記した日記や書簡をその主題に分類する，と理解すればよいと思います。

なお，–5 を付加する日記や書簡は本物の日記や書簡のことで，単に日記や書簡の体裁を取っただけの創作は小説として分類します。一見しただけで，日記や書簡の体裁だからといって創作作品を日記や書簡と早合点して分類しないように注意する必要があります。

c. –6 記録．手記．ルポルタージュ

ルポルタージュをここに分類することになっていますが，最近はジャーナリストが著したルポルタージュもその主題に分類することが多いようです。ただし，戦争体験記のように，本人が体験したことを主観的に著したものについては文学の **–6** に分類します。

療養記・闘病記も本表では **598.4 家庭療養．家庭看護**の注に「＊療養記は，ここに収める」とあるのですが，**–6 記録．手記．ルポルタージュ**に分類することが多いため，10 版では 9□6 に収めるという別法が追加されました。

（3）時代区分

91 日本文学，92 中国文学，93 英米文学，94 ドイツ文学，95 フランス文学は，**1 詩，2 戯曲，3 小説．物語，4 評論．エッセイ．随筆，5 日記．書簡．紀行，8 作品集**について時代区分があったり，時代区分するという指示があります。しかし，10 版では「日本語など特定の言語による文学は，すべての文学形式において，時代区分が可能である」とありますので，この指示のない **6 記録．手記．ルポルタージュ**や **7 箴言．アフォリズム．寸言**についても時代区分できると考えられます。また，**96 スペイン文学，97 イタリア文学，**

134 | Ⅰ部　4章　各類解説

98 ロシア・ソビエト文学については **9□02 文学史**のみに時代区分
があります。

　日本文学の時代区分は **3 古代**，**4 中世**，**5 近世**，**6 近代：明治以
後**で，現代は **6** という記号になります。**210 日本史**でも **92 中国文
学**や **93 英米文学**でも，20 世紀以降には **7** を使用していますので，
現代日本文学にもつい **7** を使用したくなりますが，日本の場合は明
治以降現代まですべてに **6** を使用します（これは日本の各地域の歴
史に使用する時代区分と同じです）。ちなみに，913.7 は 20 世紀の
日本の小説ではなく，「講談・落語本，笑話集」の記号です。

　それぞれの形式を持つ文学の歴史や研究は原則としてその文学形
式の歴史として扱います。例えば，日本の詩歌の歴史は日本文学の
詩の歴史（911.02）となります。ただし，例外として，近代の小説
については，複数の小説（個人，複数作家を問わず）の研究と小説
家（個人，複数作家を問わず）の研究や伝記は形式を特定できない
文学史として扱います。例えば，日本の近代小説の歴史や研究は
913.02 ではなく，910.26 日本文学史の近代とします。

II 部
実践編

1章　主題の捉え方
2章　実務上の注意点
3章　応用例題と解説

1章　主題の捉え方

1．個別分類とシリーズ分類

NDC の問題ではないのですが，実務においては全集やシリーズ
などの多巻ものをまとめて置くか，それとも各冊を別々に置くかは
難しい問題であり，その区別の基準は必ずしも明確ではありません。
例えば，岩波文庫の場合，岩波文庫のコーナーを設ける場合もあれ
ば，他の文庫と一緒に文庫本のコーナーを設けたり，新書などと一
緒に小型本として別置することもできます。岩波文庫のコーナーを
設ける場合でも，その中の並びは NDC 順だったり文庫番号順だっ
たりとさまざまです。

　基本的には各冊の独立性に着目して，独立性が高ければ個別に分
類し，各冊の独立性が低くて全体としてのまとまりが強いものにつ
いては全体で分類するのがよいと考えられます。どちらにするかに
ついて明確な基準はありませんが，シリーズで分類するということ
はそのシリーズでまとめて配架するということを意味しますので，
一般論として以下のような基準で判断することも可能だと思います。

（1）シリーズで分類した方がよいもの

a．個人全集

　ある作家や研究者のすべてもしくはほとんどの著作を集めた全集

や著作集は，全体として揃えて置いた方がよいでしょう。個別に置いてもよいものとしては，各巻の主題が明確でしかも各巻ごとに分類記号を付与した場合に別々のところに分かれるような場合です。

b. 索引や補遺の巻のある全集

全集や講座などで，索引や補遺が独立して一巻になっているものがあります。この場合，索引だけを独立して置く意味はありませんから，その他の巻と一緒に全体をまとめて置いた方がよいでしょう。また，複数の巻に関連する補遺の巻がある場合も同様です。

c. 一冊に複数の著作が収められているもの

既存の著作を全集などにまとめる際に，複数の著作をまとめて1冊にすることがあります。このような場合，収められている著作が3までであれば主なものか最初のもので分類するので，その結果としてそれ以外の著作の主題は分類記号に表れないことになります（本章 4．複数主題参照）。したがって，ある巻に収録されているそれぞれの著作が異なる分類になるようであれば，はじめから全体を一つのまとまりとして分類する方がよいでしょう。

d. 全巻が同じ分類になるもの

あるシリーズが全巻揃っていて，しかも個別に分類してもすべての巻が同じ分類になるのであれば，全体をまとめても同じことですので全体として分類するのがよいといえます。別々に置いた方がよいのは，著者記号を使用して，別のシリーズや単行本として刊行されている同じ著者の著作を集中させたいときなどです。

（2）単冊で分類した方がよいもの

a. 各巻が独立した作品を一つだけ収めている全集

複数の著作を集めて全集やシリーズとして再構成しているもので

138 | Ⅱ部　1章　主題の捉え方

も，全集の一つの巻に既存の1作品のみが収められている場合があります。古典文庫や専門書の復刊シリーズによく見られます。この場合は，もともとが独立した著作なのですから，各冊の独立性が極めて高いといえます。したがって，個別に分類する方がよいでしょう。その方が，既存のオリジナルの著作と同じところに配架されるということも期待できます。

　もちろん，既存の著作を集めたものでなくても，各冊の独立性が高いと判断できれば個別に分類します。

b.　一部のみ所蔵している

　各冊に別々の分類記号を付与できる場合で，シリーズの一部のみを所蔵するのであれば，全体で分類する意味はありませんから，個別に分類することになります。

2．主題理解のための情報源

　以上のようにして分類する対象がシリーズか単冊かを判断した後はその単位で分類記号を付与するのですが，分類するためにはその資料の内容を理解する必要があります。といっても，その資料をすべて読む必要はなく，あくまでも分類記号を決定するのに必要な情報だけを確認すればよいのです（むしろすべてを読んでいては作業効率が悪すぎますので実作業上は避けるべきです）。ここでは，必要な情報を効率よく得るために，本のどこの部分に注目すればよいのかを考えてみます。

（1）本タイトルとサブタイトル

　その資料の主題を検討するには，まずタイトルに注目します。タ

イトルが『経済学概説』なら経済学，『民法総則』なら民法総則である可能性が極めて高いといえます。しかし時として，本タイトルは簡潔すぎて内容を十分に表していないことがあります。このような場合は本タイトルだけでなく，サブタイトルに注目すると内容が明確になることがあります。例えば，『中国再考：その領域・民族・文化』というタイトルの場合，「中国再考」だけでは中国に関する本であることはわかっても，それ以上の内容についてはわかりませんが，「その領域・民族・文化」というサブタイトルを見ることで，扱っている内容がわかるようになっています。同様に，『異郷：藤田嗣治画集』も，「異郷」だけでは何のことかわかりませんが，サブタイトルの「藤田嗣治画集」により個人画集であることがわかります。新書などのように販売目的で目立つタイトルを付けたものについては，必ずしもその内容を適切に表しているとは限りません。このような場合もサブタイトルの方が内容を知るためには有効であることがあります。

（2）前書き，後書き，解説

タイトルを見ただけでは分類するために十分な情報が得られない場合（実際には，タイトルだけで内容が推測できたとしても），次に前書きや後書き，解説などを見てみましょう。前書きなどに「本書は○○について論じたものである。」のように，その内容が簡潔にまとめられていることがあります。またその著作を著すまでの経緯が書いてあれば，それを読むことでその本のおおよその分野を知る手がかりを得られることもあります。

（3）目次

全体の構成を見るには目次が有効です。

例えば，先に例に挙げた『中国再考：その領域・民族・文化』の目次が，

第1部　領域
第2部　民族
第3部　文化

のように領域・民族・文化が独立していたら，その本は中国の領域と民族と文化について論じた資料であり，複数主題であるということがわかります。そうではなく，領域・民族・文化を分けずに，随時領域と民族と文化に触れながら全般的に論じているのであれば，その本の主題としては一つのことを扱っていると判断できるでしょう。

また，タイトルが漠然としているものの場合でも，目次にある見出しが各章の内容を的確に表していることがあります（その逆に，アメリカの人文系の図書など，目次の章題が抽象的過ぎて内容を判断する役に立たないこともあります）。

ただし，目次に書かれていること（つまりその本に書かれていること）がすべてその本の主題であるとは限りません。ある主題を論じるために，その歴史的背景や関連する概念について言及することもよくあることです。したがって，目次（もちろん本文も）に書かれている事柄がすべてその本の主題になるわけではありません。分類を付与する場合には，あくまでもその本全体として何を主題として捉えればよいか，という観点を見失わないようにする必要があり

2. 主題理解のための情報源 | *141*

ます。

（4）本文

　本文をぱらぱらとめくって，およその概要を拾い読みすることも有効です。また，挿図や表なども，およその主題を知る手がかりになることがあります。ただし，たまたま目にしたページに書いてあることがその資料全体の主題を表すとは限りませんので，その他の部分や，再度タイトルや目次などを確認して適切かどうかを確認する必要があります。小説や戯曲，漫画などの形式や全体の傾向を知るために手っ取り早い方法です。

（5）帯，カバー

　新刊書の場合，帯やカバーに内容の紹介が書かれていることがあります。簡潔にまとめられていますので内容を理解する近道です。ただし，宣伝のために目に付きやすい表現を取っていることも多いので，必ず資料そのものの中身を確認する必要があります。

（6）他の図書館

　他の図書館がどのような分類記号を付与しているかを参考にすることも有効です。国会図書館を調べたり，Cinii Books で大学の請求記号を確認することができます。ただし，それぞれの図書館で独自の分類基準を設けていることもありますので，他館の分類をそのまま使用することは禁物です。国会図書館は分類基準が公開されていますのでこれを確認することができますが，大学図書館は多くの場合分類基準までは公開していませんので，あくまでも参考程度にとどめておく必要があります。NDC の別法を採用していたり，そ

142 │ Ⅱ部　1章　主題の捉え方

の図書館独自のローカル・ルールに基づいているかも知れませんし，NDC と見た目が同じような分類記号が付与されていても，じつは DDC（デューイ十進分類法，Dewey Decimal Classification）である，ということもあります。

（7）書誌分類，件名標目

　書誌情報として，NDC，DDC，LCC などの分類記号や，NDLSH（国立国会図書館件名標目表，National Diet Library Subject Headings），BSH（基本件名標目表，Basic Subject Headings），LCSH（米国議会図書館件名標目表，Library of Congress Subject Headings）のような件名標目が記入されていることがあります。特に洋書の場合など，その本の主題が何であるかわからない場合にこれらを参考にすることも有効ですが，必ずその資料そのものを確認すべきことは言うまでもありません。

（8）著者の専門分野

　本来は著者がどの分野の人であっても，分類対象の資料そのものの内容によって分類すべきです。つまり，同じ著者が著した本でも，内容によって分類が異なるのは当然のことなのです。しかし，区別の曖昧な複数の分類記号が考えられる場合に，その著者の専門分野によっていずれかに決定する方法も実際には有効です。例えば，**146 臨床心理学．精神分析学**と **493.7 神経科学．精神医学**，**29△087 地理の写真集**と **748 写真集**などは区別が困難な資料も多いので，著者の専門分野で分類することが有効です。また，**9□5 文学の日記．書簡．紀行**と，**289 伝記**の日記や **29△09 地理の紀行文**との区別など，著者が文学者であるかどうかで使い分けることが NDC として規定

されているものもあります。

3. 主題分析と分類付与

　分類作業の基本的な流れとして，まずその資料の主題を分析し，それを分類表にあてはめることで分類記号を得る，という説明がされることがあります。しかし実務においては，まず分類表が先にあるのです。分類表なくして主題を分析することはあり得ません。どのような基準で分類するのかがわかっていないと主題を分析する基準がわからないのです。例えば，その資料の主題が数学であると読み取るためには，数学という分野が分類の基準になっていることを知っていなければなりません。

　したがって，NDCの分類項目についてある程度の知識がないと実際に資料を分類することは困難です。もちろん，すべての項目を暗記する必要はありませんし実際には不可能だと思いますが，少なくとも第2次区分，よく使用する分野については第3次区分までは記憶しておいた方がよいでしょう。

　そうしておいて，資料を検討する際に分類表のどの項目に該当するかを考え，ある程度当たりをつけていくつかの候補を思い付いたら，それぞれについて分類表を確認していきます。

〈基本的なパターン〉

> ① 分類表　あらかじめおおよその枠組みを理解しておく
> ↓
> ② 内容⇔分類表　資料の内容と分類表とを照合する。分類対象となる資料の内容を読み取りながら，分類表においてそれが該当しそうな候補

144 | Ⅱ部　1章　主題の捉え方

を挙げていく。この段階ではなるべく多くの候補を挙げる。

↓

③　候補⇔分類表　それらの候補が分類表でどのように位置づけられているかを比較・検討し，資料の内容にふさわしい記号を絞り込む。その項目がどの項目の下位にあり，同じ階層には他にどのような項目があるのか，下位にはどのような項目があるのかに注意し，NDC の体系全体における位置づけとしてそこでよいかを常に意識する。場合によっては再度資料の内容を確認するために②に戻る。

↓

④　候補⇔内容　該当しそうな記号があったらふたたび資料の内容を見て，その資料の主題としてその記号でよいかを確認する。

↓

⑤　決定

〈索引を利用する場合〉

①　索引　主題となる語で索引を引き，候補となる記号を得る。分野が限定されている場合はその資料がどの分野に該当するか，あるいはいずれにも該当しないのかを検討する。

↓

②　分類表⇔内容　分類表での位置を確認し，それがその資料の内容にふさわしいかを確認する。索引にあるものがいずれもその資料にはふさわしくない場合は，「基本的なパターン」の②となり内容と分類表とを照合して別の候補を考える。

↓

③　決定

4．複数主題 | *145*

４．複数主題

　『経済学入門』『心理学』のように，一つの主題を扱っている場合はその主題で分類すればよいのですが，実際には複数の主題を扱ったものの方が多いのです。このような場合の扱い方については，いくつかの基本的な原則がNDCの「使用法2.1 一般分類規程4）複数主題」（9版では「解説3.4.2 複数主題」）に書かれていますので，わかりやすいようにまとめて整理しておきます。

（1）三つまでと四つ以上

　複数の主題を扱っているものの場合は，まず主なものがないかを確認します。複数の主題を扱っていても，そのうちの一つが分量的に特に多いとか，タイトルや前書きなどから，その本はその一つの主題を論じるために書かれたもので，その主題を論じるために他の主題についても触れているだけである，という場合はその主なものに分類します。

　いずれの主題も同等に扱われているのであれば，その主題が三つまでであれば最初の主題で分類します（「最初」がタイトルに現れる順か，目次の順か，NDCの表の順かについては規定がありません）。ただし，10版では，それらの主題が同じレベルの記号のほとんどを占めるのであれば上位の方に分類する，という規定が追加されました。例えば，所得税（345.33）と法人税（345.34）を共に扱っている図書の場合，これらの上位の概念である **345.3 収得税**には**345.33 所得税**と**345.34 法人税**の二つしか項目がありませんので，この図書は収得税のすべての範囲を網羅していることになります。この場合は最初の主題である**345.33 所得税**に分類するのではなく，

146 | Ⅱ部 1章 主題の捉え方

上位の **345.3 収得税**に分類します（図 35）。

<．3／．7　各種の租税>
．3　　収　得　税
．33　　　所　得　税
．35　　　法　人　税
．4　　収　益　税

図 35　所得税・法人税と収得税
（『日本十進分類法新訂 10 版　本表・補助表編』p.185）
▶ **345 租税**の部分。**345.33 所得税**と **345.35 法人税**をともに扱っているということは，**345.3 収得税**全般を扱っていることになるので **345.3 収得税**に分類する。

　主題が 4 以上ある場合は，それらを含む上位の方に分類します。とはいえ，実際には主題の組み合わせは NDC の構造とは異なるものである場合が多いので，すべてを含む上位は「0」になってしまうこともあります。このような場合はすべてでなくても，なるべく多くを含んでその本を表すのに適切な箇所に分類します。

（2）のための

　『○○のための△△』というタイトルを持つ場合，基本的には対象の方，つまり○○の方に分類します。ただし，「○○のための」とあっても，その○○が漠然としているものなど NDC において主題として扱われない場合や，著作の内容が一般にも利用できるものであれば△△の方に分類します。

　例えば，『会計人のための XBRL 入門』『医療・保健スタッフのための健康行動理論の基礎：生活習慣病を中心に』のように，特定の職業に向けた解説はその職業のところに分類するのが適切なこと

が多いようです。

　逆に，『大人のための近現代史』『自分で調べる技術：市民のための調査入門』『国民のためのエネルギー原論』『大学生のためのレポート・論文術』『子どもの法律入門：臨床実務家のための少年法手引き』の場合は，「○○のための」の○○の部分が漠然としていてこれだけでは主題として弱いので△△に分類します。

　『指導者のためのテニスの科学と応用』の場合は「指導者」だけでは主題になりませんので△△であるテニスに分類しますが，テニスの指導者という意味では，テニスをさらに限定するものと捉えてテニスの教授法（**783.5 テニス＋07 研究法. 指導法. 教育**→783.507）のように○○の部分を分類記号に反映させることは可能です。

（3）影響

　影響を与えたものと受けたものでは，受けた方に分類します。

　ただし，個人が大勢に影響を与えた場合は，影響を与えた個人の方に分類します。

（4）原因と結果

　ある原因と，それによってもたらされる結果とでは，結果の方に分類します。

（5）上位と下位

　NDC の表の上位の概念と下位の概念を扱っている場合は，上位の方に分類します。ある主題に対しては，なるべく細かく，つまりなるべく下位の記号を付与するのが原則ですが，上位の概念と下位

148 | Ⅱ部　1章　主題の捉え方

の概念をともに扱っている場合には上位の記号にとどめます。

　ただし，上位の概念が抽象的だったりNDCにおいて特に項目として挙げられていないようなものの場合は，具体的な下位の方に分類します。

（6）理論と応用

　ある理論を特定の主題に応用したものは，応用された主題の方に分類します。この場合も，応用される分野が抽象的なものや広範囲である場合は理論そのものの方に分類します。

（7）主題と材料

　ある主題を論じるために材料として使用したものについては，材料ではなく，主題の方に分類します。NDCの「使用法」には，『ショウジョウバエの遺伝と実験』という本を実験遺伝学に分類する例が挙げられています。この本はショウジョウバエの遺伝を研究したものではなく，遺伝を研究するためにその材料としてショウジョウバエを使っただけであると考えたものです。

　ただし，この主題と材料についてはかなり難しい問題を含んでいます。というのは，ある材料を使った研究の場合，その材料のことを研究したのか，あるいはその先にある，より広い主題について研究したのかの区別が付きにくいのです。同じ『ショウジョウバエの遺伝と実験』というタイトルの本でも，最終的には遺伝全般についての研究であっても，その本としてはショウジョウバエの遺伝について研究した成果（のみ）が書かれていれば，ショウジョウバエに分類することは可能です。というのも，書き手の意図としてはその先を見据えているとしても，分類記号を付与する場合にはその資料

自体に現れている内容で分類するからです。序文などに，「○○を意図して書かれた」のように書かれていても，必ずしもその意図で分類するのではなく，あくまでもその資料自体の内容を見極める必要があります。

5．派生作品

ある著作をもとにして別の著作が作られた場合には，もとの著作と同じ分類にする場合と新しい著作の方に分類する場合の二通りがあります。

もとの著作と同じにするのは，派生作品がもとの作品を主題にしている場合と翻訳したものです。また，詩または戯曲を物語化したものも9版からはもとの著作と同じになりました。

他方，上記以外の翻案と語学のリーダーは新しい作品として分類します。

（1）もとの作品を主題とするもの

もとの作品を研究したものや，注釈や解説を加えたものは，その本の主題はもとの作品ですので，もとの作品と同じ分類とします。

（2）翻訳

単に言語を変えただけの翻訳ももとの作品と同じ分類にします。

ただし，翻訳の際に文学形式を変えたものや，一部だけを抜粋して翻訳したために全体としての内容や形式がもとの作品と異なる場合には新しい作品として分類します。

150 | Ⅱ部　1章　主題の捉え方

（3）翻案

おもに文学やそれに関連する芸術分野に関わる規則です。ある文学作品や芸術作品をもとにして別の作品を作り上げた場合は，原則として新しい作品の方に分類します（翻訳して言語を変えただけのものは別の作品とはみなしませんが，内容が大幅に変わったり，形式が変わったものは別の作品として扱います）。

別の作品というのは，例えば，小説を映画化したものや，その反対に映画を小説化したもの，シナリオを小説化したものなどです。例えば，周防正行監督の日本映画『Shall we ダンス？』のリメイクであるピーター・チェルソム監督のアメリカ映画『Shall We Dance?』はアメリカ映画（778.253）として分類します。同様に，アメリカ映画を日本人が小説化したもの（厳密には日本語で小説化したもの）は，日本語の小説（913.6）になります。

ただし，詩または戯曲を物語化したものは，児童向けのものを除いて原作と同じ分類にします（NDC には「原作の文学形式の記号を使用する」とありますが，形式が原作のものであれば言語も原作のものでなければ不自然ですので，原作と同じ分類にする，と考えればよいでしょう）。

（4）語学のリーダー

語学のリーダーは語学の方，つまり **8言語**の下の**8□7読本．解釈．会話**（□は言語区分）に分類します（日本語，中国語，朝鮮語（10版より），英語についてはあらかじめ本表に8□7.7 まで展開されています）。

リーダー用にやさしくリライトしたものは翻案ですのでリライトしたリーダーとして分類しますし，本文が原著のままであっても，

語学の学習のために単語や文法の解説，場合によっては対訳を付したものは，その原著を出版したかったのではなく，語学のリーダーとして出版されているものですのでリーダーとして扱います。ただし，同じような体裁であっても，その本の目的が語学の学習ではなくて書かれている内容の読解であれば主題の方に分類します。この両者を機械的に区別する基準はありませんので，出版側の意図や利用者の目から見て，語学の学習を目的とするものか，あるいは原文の読解が目的なのかをそのつど判断する必要があります（どうしても判断が付かない場合には，その出版者が語学書を出しているところかどうかも判断材料の一つにするとよいでしょう）。

（5）部分と全体

　部分と全体は分類記号が異なることがあります。

　例えば，原著の一部分だけを抄訳したものは，その抄訳の内容に対して分類記号を付与します。その場合，部分である抄訳が全体としての原著の分類記号と異なることもあります。

　これは一冊の本についてだけでなく，全集などの多巻ものでも同じことです。例えば，『平家物語』は 913.434 に分類しますが，これが収録されている『新日本古典文学大系』（岩波書店）をシリーズで分類するのであれば**918 日本文学の作品集**に分類します。

　初版と改訂版，原著とその単純な翻訳などは原則として同じ分類記号にするべきですが，抄訳やシリーズなどのように分類する対象の範囲が異なるために，その内容や形式が異なる場合には異なる分類記号になるのは当然です。

2章　実務上の注意点

1．翻訳書の分類

翻訳書を分類する際に気をつけなければならない点として，翻訳のバイアスがあります。これは，翻訳のしかたによって内容や分野が違って見えるというものです。

訳語一つにしても，いくつか考えられる候補の中からどれを選択するかは訳者の裁量のうちですから，採用された訳語によって内容が異なって見えることがあるのです。

また，タイトルは直訳せずに翻訳の際に新たに付けられることも多いのですが，その場合にはタイトルの一語一語にこだわっても無意味です。例えば，デビッド・ワインバーガー著『インターネットはいかに知の秩序を変えるか？：デジタルの無秩序がもつ力』（エナジクス，2008）の原題は "Everything is miscellaneous : the power of the new digital disorder" です。邦題ではインターネットという語を使用することでこの本の分野が具体的にイメージできるように配慮されていますが，もとのタイトルにはなかったものですので，この本の主題がインターネットであるとは限らないのです。もちろん翻訳書のタイトルの方が内容を適切に表していることもありますが，そうであるかどうかはそのつど判断する必要があります。少なくとも，翻訳書のタイトルにこの語が含まれているからここに

分類する，という単純で機械的な判断は慎まなければなりません。

2．分類実務のコツ

（1）なぜ難しいか

　NDCは知識の宇宙を伝統的な学問体系に基づいて区分しています。ですからこの区分に合致する主題については簡単に分類することができます。しかしながら，学問の進歩にともない，既存の学問体系には収まらない分野が開拓されたり，ある主題について複数の分野にまたがって学際的に研究されることも多くなってきます。そうなると伝統的なNDCの区分には収まらなくなってしまいます。したがって，学問や知的活動の進歩とともに分類作業が難しくなってくるのは当然のことなのです。ですから，ぴったり当てはまるところがない，と慌てる必要はありません。原則に従って，順番に，論理的に考えて，最も適切な分類記号を付与すればよいのです。

（2）主題の説明はその資料から

　タイトルなどからその資料の主題が特定できたとしても，その主題が意味するものが何であるのかがわからなければ分類することはできません。そこで，その主題に馴染みがない場合にはその主題について調べる必要があります。最近はGoogleなどを利用してインターネットを検索すれば簡単に調べられることも多いのですが，なるべくその資料そのものから情報を得るようにするべきです。特に新しい概念や主題の場合は，著者によってその意味するところが異なることがよくあります。その場合，一般的な定義を調べてもその資料を適切に分類することはできません。同じ主題を扱っているよ

うに見えても，じつはその内容は異なっているということもあり得ますので，あくまでもその著者がその主題をどのようなものとして扱っているのかを知る必要があるのです。類似の本の分類記号を揃えようとするあまり，内容を十分に吟味せずにタイトルに含まれている語だけで統一してしまうことは避けなければなりません。序文や本文の最初の部分で「本書は○○について論じたものである。」「○○とは△△のことである。」のように，著者による概念定義がされることがありますので，このような説明を読んだり，本文中でその概念について説明しているところに注目したりするとよいでしょう。

（3）入門書で調べる

　どうしてもその本自体から主題の内容を読み取ることができない場合は辞典や事典を調べます。しかし，専門用語の事典類を調べても載っていないことや，説明が専門的過ぎて理解できないことがあります。そのような場合は，やさしく書かれた入門書を読むとわかりやすく解説されていることがあります。その入門書のどこにその項目があるのかわからない場合には，索引を利用して辞書のように使うと便利です。

（4）候補をたくさん挙げて，採用・不採用の理由を
　　論理的に考える

　『経済学入門』を **331 経済学**に分類する場合のように，単純に分類できる場合はよいのですが，適切な分類記号が一つに絞れない場合は，急いで一つの記号に決めずに，なるべくたくさんの候補を挙げて，その記号がふさわしい理由と，ふさわしくない理由を考えていきます。そうしてそれらの理由を総合して，最も適切と思われる

記号を採用します。

　このように，複数の候補について適不適の理由を考えることは，NDC の体系を理解するためにも非常に有効な方法です。急いでどれかに決めてしまうのではなく，時間が許す限り理由や根拠をじっくりと考えるようにしましょう。

（5）序文や解説を読んでもわからないものは，全文を読んでもわからない

　序文や解説を読んでも該当する適切な分類記号がわからない場合，本文をぱらぱらとめくって内容を確認していきますが，それでもわからない場合があります。主題がはっきりしているときは，その主題を分類する NDC 上の位置を考えればよいのですが，主題そのものが明確でない場合は困ります。しかし，この時点で分類できないものについては，たとえ本文をすべて読んだとしても，該当する分類記号を知ることはできないものです。あまり深入りせずに他の方法を検討しましょう。

（6）概念定義ではなく，どこに置くか

　図書館の資料を分類する最も重要な目的の一つは，請求記号を付与してその資料をどこに置くかを決める，というものです。しかし，分類作業を続けているとこのことを忘れて，目の前の資料の主題が何であるか，という概念定義を考えるようになりがちです。しかし，「Ⅰ部4章1.0類」でも述べたように，例えばパソコンの OS である Windows と Mac OS は NDC ではともに **007.634 オペレーティングシステム［OS］** に分類します。これは Windows と Mac OS が同じものであると考えているわけではなく，同じところに置いて

156 │ Ⅱ部　2章　実務上の注意点

よいと考えたに過ぎません。同様に，概念が明確でない主題を扱うときには，それが何であるかを考えるよりも，それをどの本と一緒に置けばよいか，を考えた方が作業しやすいことがあります。そのためにも，NDCの表の上下左右を意識することが有効です。

（7）利用者目線

　NDCの分類表だけを見ていても適切な記号がわからない場合には，利用者の立場になって，どこにその資料があれば探しやすいか，という目線で考えてみるのも良い方法です。（6）でも述べたように，分類記号はその資料の主題を定義付けるものではなく，その資料を適切な場所に位置づけるものです。これはNDCという知識の分類体系のなかにおいて，その資料をどこに位置づけるかというだけではなく，物理的にその資料をどこに配架するかという意味でもあります。ですから，どうしてもNDCの中にその資料を分類すべき適切な記号が見当たらない場合には，どこにあれば利用者がその資料にたどりつきやすいかを考えることが有効です。

（8）時間を置く

　どうしても分類記号を決められない場合，少し時間を置くのも良い方法です。時間を開けて資料と距離を置くことで，冷静に，客観的に見直すことができるようになります。（7）で述べた，利用者と同じ目線になるためにも，深みにはまったと思ったら一旦時間を置くことをお勧めします。

（9）正解があるとは限らない

　上に挙げたような方法でその主題を確認しても，どうしても適切

な記号を一つに絞れないことがあります。その場合はどれを採用しても一長一短なのですから，どちらにしても構いません。その図書館の方針として，どこに分類するかを決めればよいのです。本の分類はトランプを色分けする場合と異なり，誰が分類してもまったく同じになるということはそれほど多くはありません。分類記号を統一するために一定の判断基準は必要なのですが，常に絶対的な正解があるわけではない，という割り切りも必要です。

（10）こまめに分類表を確認する

第3次区分は 000 から 999 までですから，数字の上では 1,000 の項目があることになります。実際には空番もありますのでこれよりは少ないのですが，それでも膨大な量です。しかしながら，通常の分類作業で頻繁に使用する記号はこのうちのごく一部ですので，慣れてくると一部の記号についてはいちいち分類表を確認せずに付与することができるようになってきます。しかし，安易に記憶に頼ると思わぬ落とし穴にはまることがありますので，実務においては念のため意識的に頻繁に分類表を確認するようにするべきです。

（11）こまめに索引を引く

索引のところでも書きましたが，分類作業に慣れるに従って索引を引く回数が少なくなるように見受けられます。

最初は分類の体系がわからないので索引を引いて求める記号にたどり着くようにしていても，慣れてきて全体の構造がわかってくると，索引を引かずに階層をたどって求める記号を得られるようになります。しかしまだ完全に全体を理解しないうちは，自分が知らないところや気が付かないところに求める記号が位置づけられている

こともありますので，索引もこまめに引くようにするべきです。

3．分類記号の統一

　分類記号は類似の内容を持つ資料を同一箇所に集めるためのものですから，すでに配架されている資料と揃えることが重要です。どんなに頑張って適切な記号を付与したつもりになっても，同内容の資料が分散してしまっては元も子もありません。分類記号がわからない場合に既存の資料の分類を参考にすることはもちろん有効ですが，そうでない場合にも，既存の資料と齟齬がないようにしましょう。特に，改版されたものと初版，原著と翻訳など，内容に相違がないものについては同じ分類にしなければなりません。

3章 応用例題と解説

　本章では，具体的な資料を分類する場面を通して，これまで説明してきたことを実践し，またこれまで説明できなかったことを補足していきます（原則として類ごとにまとめてありますが，説明の都合により，異なる類に分類するものをまとめて解説したところもあります）。

1. 0類

① 小林康夫ほか著『「知の技法」入門』（河出書房新社，2014）

> 東大教授と知の巨人が，読書術と思考術を徹底伝授。
> 〈目次〉
> 1 入門篇（「人文書」入門─タイタニック号の乗員のためのブック・ガイド；「読書の技法」入門─速読，精読，ノート法）
> 2 理論篇（誰にもわかる「実存主義・構造主義・ポスト構造主義」─二〇世紀の思考の大きな流れを知る；自然科学と人文科学のインターフェース─意識と物質のミッシングリンクを考える）
> 3 「知の技法」とは何か？

　特定の分野に限らない読書術と思考術について論じた本です。特定の分野に限らないのですから，第1次区分は0になると考えられ

ます。さらに，課題の図書のように漠然と知識や学問全般について
論じた資料は，**002 知識．学問．学術**に分類します。ここには人文
科学一般のほか，人文科学と自然科学両方にまたがるものも分類し，
自然科学のみを扱うものは**4 自然科学**に分類します。

② 加山喜好著『実名がすべてを変える！：インターネット革命』
　（テクニカノーツ，2012）

> 匿名利用のままではインターネットの発展は望めない。「実名登録」「実
> 名利用」にこそインターネットの安全な将来が待っている。

　インターネットについては，9 版が刊行された 1995 年にはまだ
一般的ではありませんでした。そのため，複数のコンピュータを繋
いだネットワークとして，**547 通信工学．電気通信**の下にある，
.4833 公衆データ通信網．広域データ通信網（10 版ではこれに「イ
ンターネット」が追加されました）の記号を使用することが多かっ
たようです。

　しかし，今日のようにネットワークの存在があたり前になり，そ
の上で人と人が繋がり社会が形成されるようになると，通信として
のインターネットではなく，コミュニティとしてのインターネット
が主題になることが多くなってきます。そのような資料については
547 通信工学ではなく，**007 情報学**の方がふさわしいといえます。

　課題の図書はインターネットにおいて匿名と実名の問題を論じて
おり，これは通信技術の問題ではなく，インターネット上の社会問
題ですので，**007 情報学．情報科学**の下の **.3 情報と社会**に分類し
ます。

③『Windows10/8.1/7 操作入門』（日経 BP 社，2015）

　パソコン関連のおもな分類記号として，**007 情報学．情報科学**と**548 情報工学**があります。基本的には，前者はソフトウェア，後者はハードウェアを分類します。

　Windows はパソコンの OS ですからソフトウェアです。そこで**007 情報学．情報科学**の下を見ていくと，**.634 オペレーティングシステム［OS］**があり，「＊個々のオペレーティングシステムは，ここに収める」とありますので，ここに分類します。Windows のバージョンはもちろん，Mac OS や UNIX，Linux など OS の種類で区分することはできず，すべてこの**007.634 オペレーティングシステム［OS］**にまとめてしまいます。

④　西村広光著『はじめて学ぶ C 言語プログラミング入門講座』（技術評論社，2014）

　C 言語はコンピュータのプログラミング言語です。**007 情報学．情報科学**を見ていくと，**.64 コンピュータプログラミング**がありますので，ここに分類します。ここも，C や Visual Basic，Java など言語の種類で細分することはできません。

⑤　古金谷博ほか著『HTML＋JavaScript によるプログラミング入門』（日経 BP 社，2014）

　これもプログラミングですから，**007.64 コンピュータプログラミング**でよいはずです。しかし，NDC の基本的な考え方として，

162 | Ⅱ部　3章　応用例題と解説

特定の用途を持つものについてはその用途に分類するというのが原則です。HTML はおもにインターネットで使用されているマークアップ言語で，JavaScript もインターネットに使用されるブラウザで動かすプログラミング言語です。そのため，特定の用途に限られると考えて，インターネットの工学的な分類記号である **547.4833 公衆データ通信網．広域データ通信網．インターネット**に分類することも考えられます。ただし，10 版では **007.64 コンピュータプログラミング**の下に **.645 マークアップ言語．ウェブサービス記述言語［WSDL］**が新設されましたのでここに分類します。

⑥　植松貞夫著『図書館施設論』（樹村房，2014）

> 図書館施設の建築・地域計画とその構成要素等を解説。

　図書館の建築についての本です。

　建築は **52 建築学**です。そして **526 各種の建築**のところに綱目表に準じて区分するように指示があり，例として **.06 博物館**，**.07 新聞社**が挙げられています（綱目表は二桁の第2次区分です）。しかし，さらに「＊学校施設・設備→374.7；図書館建築→012，016／018」とありますので，学校設備や図書館建築は例外的な扱いになります。図書館の建築は 012 もしくは 016／018 に分類するよう指示がありますので，細目表の 012 を見ると，ここは図書館建築．図書館設備の項目で，「＊ここには，すべての館種に関するものを収める；ただし，一館の建築誌は，016／018 に収める」とあります。課題の図書は一館を対象としたものではありませんので，ただし書きの016／018 ではなく，012 となります。あらためて 012 の下位の項目

1．0類 ｜ *163*

を見ていくと，**.1 建築計画**，**.2 建築材料**などに区分できますが，
今回はそれらのいずれかに限定されるものではありませんので，
012 図書館建築. 図書館設備とします。

⑦ J. ゴンサレス・エチェガライほか解説『ベアトゥス黙示録註解：
ファクンドゥス写本』（岩波書店，1998）

> 9 世紀末から 12 世紀にかけて制作された挿絵入り「ベアトゥス本」の
> 解説。保存状態の良好な「ファクンドゥス写本」の中から 41 点を選び，
> その図像と解説をほどこした大型豪華本。

解説にあるように，挿絵のある写本の解説です。
図書の研究は**02 図書. 書誌学**ですので，細目表の 02 のところ

022	写本．刊本．造本　**Manuscripts and printed books**	
	＊ここには，研究を収め，書誌は026に収める	
.2	写本：様式，書風　→：202.9；728	
.21	日　　本	
.22	東洋：朝鮮，中国	
.23	西洋．その他	
.3	刊本：版式　→：749.2	
.31	日本：春日版，高野版，浄土教版，五山版，古活字版	
.32	東洋：朝鮮，中国	
	宋版，元版，明版	
.33	西洋：インキュナブラ．その他	
.39	絵　入　本　→：726.5	

図 36　022 写本．刊本．造本
（『日本十進分類法新訂 10 版　本表・補助表編』p.82）

▶ **.39** の絵入本は **.3 刊本**の下位に位置するので，刊本の
絵入本に使用する。

164 | Ⅱ部　3章　応用例題と解説

を見ていくと，**022 写本. 刊本. 造本**という項目があり，その下に
.2 写本があり，さらに **.21 日本**，**.22 東洋**，**.23 西洋**に区分できる
ことがわかります。『ベアトゥス黙示録』は西洋の写本ですから，
022.23 となります。

　なお，**022.39 絵入本**というのがあり，索引からは書誌学におけ
る絵入本はこちらを参照するようになっていますが，これは **022.3
刊本**の下にありますので刊本の絵入本を意味します。課題の図書は
写本ですからここには分類しません。このように，項目として挙げ
られている語句だけを見るのではなく，上下の階層を見てそれが
NDC 全体の体系の中で位置するところを確認して，その記号が適
切かどうかを判断する必要があります。

⑧　井上泰至著『江戸の発禁本：欲望と抑圧の近世』（角川学芸出版，
　　2013）

> 出版文化が発達した江戸期には，好色本や戦国歴史物語，仮想戦記など
> の「発禁本」が数多く生み出された。出版統制・検閲といったかたちで
> 情報をコントロールしていくご公儀の「事情」，危険を冒してもなお世
> の中に何かを発信したいという作者たちの「欲望」とそのための「偽装」。
> 悲喜劇に満ちた個々の作品の成立事情を探り，近世史の新たな一面を明
> らかにする。

　江戸時代の発禁本に関する本です。

　発禁本は出版に関することですので **02 図書. 書誌学**の下の **023
出版**のところを見ると，**.8 出版と自由. 出版倫理. 発禁本. 検閲**
がありますのでここに分類します。

　023 出版には「＊地理区分」とありますので，これに日本の −1

を付加して 023.1 とすることも考えられますが，課題の図書は主題が発禁本に限定されていますので，主題を優先して **023.8 出版と自由．出版倫理．発禁本．検閲**とします。

⑨ 大西正行著『マスメディア論：現場と社説と地方紙と』（春風社，2010）

> 政権交代，沖縄基地問題，躍進する中国，トヨタのリコール，新型インフルエンザ騒動など日本をゆるがす大問題を全国紙・地方紙はどう論じたか。ネットメディアに押されるなか，失われつつある記者魂の復活をとなえる。

　本タイトルが「マスメディア論」ですので，**361.453 マスコミュニケーション．マスメディア**に該当しそうです。しかし，タイトル関連情報は「現場と社説と地方紙と」とあり，新聞に関する論述なのではないかと考えられます。解説にも「全国紙・地方紙はどう論じたか」とありますので，これはマスメディア全般を扱っているのではなく，あくまでも新聞を扱っているのだということがわかります。したがって，**07 ジャーナリズム．新聞**に分類します。

　そして，「現場と社説と地方紙と」というサブタイトルと，「日本をゆるがす大問題を全国紙・地方紙はどう論じたか」という内容とを合わせ考えると，新聞そのものを論じていると考えられます。そこで本表の 07 のところを見ると，**.1 ジャーナリズム・新聞の理論：新聞学**がありますので，**070.1 ジャーナリズム・新聞の理論：新聞学**に分類します。

166 | Ⅱ部　3章　応用例題と解説

⑩ 田島泰彦編著『表現の自由とメディア』（日本評論社，2013）

〈目次〉
第1部　メディアの自由とは何か（表現の自由とメディアをめぐって―
　考える手がかりとして；英国におけるプレスの検閲―プレス規制再考）
第2部　表現の自由とメディアをめぐる論点（インターネットにおける
　人権侵害の救済―反論権を中心に；日米の新聞にみる情報源をめぐる
　課題；「暴力的ゲーム」の規制と表現の自由―有害表現規制における
　カテゴリー審査と利益衡量；青少年保護と表現規制に関する一考察―
　韓国の青少年保護法を中心に；裁判員裁判における取材・報道の制約
　とメディアの役割；テレビ番組制作現場の構造と自由―「現場の自
　由」の視点から）

　まず，タイトルにある「メディア」が何を指すのかを確認します。
先に見たように，テレビや新聞を含む場合は**070 ジャーナリズム．
新聞**へ，テレビやラジオだけなら**699 放送事業**へと，分類すると
ころが異なるからです（Ⅰ部4章1．0類参照）。

　目次を見ると，プレス，インターネット，新聞，取材・報道，テ
レビといったものが対象になっていることがわかります。したがっ
て，**070 ジャーナリズム．新聞**に分類するのがよいと考えられます。
そしてその下に「表現の自由」を分類すべき項目を探すと，**.13 報
道の自由．新聞と自由**がありますので，この**070.13 報道の自由．
新聞と自由**に分類します。

2．1類

① 近藤剛編著『現代の死と葬りを考える：学際的アプローチ』（ミネルヴァ書房，2014）

> 昨今，死にまつわる問題，とりわけ葬儀についての関心が高く，経済誌などでも特集記事が組まれるほどである。そのようななか，本書では，現代における死生観を問い直し，多様化する葬送儀礼のあり方をめぐって学際的に検討する。
>
> 〈目次〉
>
> 現代における死生観と葬送儀礼の多様性
>
> 第1部　死生観の研究（古代人の死生観—エジプト，メソポタミア，ギリシャ・ローマ，パレスティナを手がかりとして：「天地の間」という自然観—遺体から遺伝子まで；中世日本の死生観；死の現象学—死の知に関するシェーラーの考察；死生観の構造）
>
> 第2部　葬送儀礼の研究（葬送倫理の提言；死者儀礼の重要性—葬儀後の儀礼を中心に；死生文化としての臨終儀礼；葬送のイメージ論—いやしと宗教性；観光資源化する葬送儀礼；都市部における葬儀の今後とは）

　死生観と葬儀を扱った本です。

　「死」はまず生物的な意味を持ちますし，人間としても重要な概念です。また，周囲にも葬儀などの社会的影響や喪失感といった心理的影響など何らかの影響を与えます。

　このように，漠然とした「死」一般については，**114 人間学**の下の **.2 心身論．人性論．生死** に分類します（社会的な死，つまり葬儀については **38 風俗習慣．民俗学．民族学** の下の **385 通過儀礼** の下の **.6 葬送儀礼** に分類します。また，喪失感などの心理的な影響

168 | Ⅱ部　3章　応用例題と解説

は **14 心理学**の下の **141.6 情動**に分類します）。

　課題の図書は死生観と葬儀の両方を扱っていますが，前者を一般的，後者をその一部の側面と考えて，一般的な方に分類するのがよいでしょう。つまり，**114.2 心身論. 人性論. 生死**となります。

② 町田三郎訳『呂氏春秋』（講談社，2005）

　中国思想に関係するらしい，と考えて **122 中国思想. 中国哲学**のところを見ていくと，**123.6 春秋類**というのがあり，ここに該当しそうにも思えます。しかし，この春秋類というのは，書名に「春秋」と付くものという意味ではなく，『春秋左氏伝』『春秋公羊伝』『春秋穀梁伝』という三つの作品の総称であって，『呂氏春秋』はこれに含まれません。『呂氏春秋』は撰者である呂不韋のところに分類します。呂不韋は **124 先秦思想. 諸子百家**の下の **.7 雑家**に名前が挙がっていますので，**124.7** になります。分類表の構造だけでなく，対象の分野についてもある程度の知識がないと，誤ったところに分類してしまうという例です。

③ 尾崎幸謙ほか著『パーソナリティ心理学のための統計学：構造方程式モデリング』（誠信書房，2014）

パーソナリティ心理学を学ぶ上で特に使用頻度の高い統計法を取り上げて解説した。研究論文を書く大学院生を想定し，学会誌に掲載された論文をベースに統計手法を解説するなど，実践的内容となっている。統計手法を学びつつ，パーソナリティ心理学の研究過程も学ぶことができる。〈目次〉

第1章　特性論―確認的因子分析

第2章　性格の構造を把握する―適合度・自由度

第3章　知能の構造を探る―高次因子分析と復習

第4章　測定道具の性能―信頼性と妥当性

第5章　抑うつを説明する―単回帰分析・重回帰分析・パス解析と標準誤差

第6章　抑うつの規定要因を理解する―因子間のパス解析

第7章　遺伝と環境―行動遺伝学・多母集団分析

　統計学の心理学への応用ですので，理論の特定主題への応用，と考えることもできます。また，統計学的研究については，形式区分の **-019 数学的・統計学的研究**が使用できますので，いずれにしても心理学がメインで統計学がサブになります。そして課題の図書は心理学の中でも特にパーソナリティ心理学を扱っていますので，**141 普通心理学．心理各論**の下にある，**.93 人格［パーソナリティ］**に分類し，形式区分の -019 を付加する場合は 141.93019 とします。

④　川端一光ほか著『心理学のための統計学入門：ココロのデータ分析』（誠信書房，2014）

　③の図書と同じシリーズの本です。③はパーソナリティ心理学でしたが，今回は分野が限定されていない，心理学一般です。したがって，メインは **14 心理学**となります。これに形式区分の -019 を付加すると 140.19 という記号が得られます。これを本表で確認すると，

　　［.19］精神分析学　→146.1

170 | Ⅱ部　3章　応用例題と解説

とあります。分類記号のみに ［ ］ があるものは，通常はこの分類記号は使用せず，→の先に分類する，という記号でした（Ⅰ部2章2．本表（3）凡例）。つまり，NDC の本表としては .19 は使用されていませんので，その図書館の方針として 140.19 を精神分析学として使用するという特別な規定がないのであれば，心理学の数学的・統計学的研究として 140.19 を使用することができます。

⑤　明治大学人文科学研究所編『巡礼：その世界』（明治大学人文科学研究所，2005）

「歩く旅」と「巡る旅」巡礼・遍歴の意義。精神の自由と創造性を求める「旅」。
〈目次〉
◦巡礼の諸相
◦キプロス島「世界遺産」ビザンツ教会堂群を巡る
◦イスラーム世界の巡礼
◦日本の巡礼

特定の宗教に限らない，巡礼一般について論じた本です。
索引で巡礼を引くと，

巡礼（イスラム）　　167.6
　　（キリスト教）　196.8
　　（仏教）　　　　186.9

とありますが，特定の宗教に限らない巡礼は載っていません。
166／199 が特定の宗教ですから，特定のものに限られないもの

はこれより上位に行くのが NDC の原則です。ところが，上位の **16 宗教**のところを見ても，特に巡礼などの個別の主題を分類するところがありません。しかし，**165 比較宗教**のところに，**.1 教義．教条**から**.7 布教．伝道**という固有補助表と同じ区分がありますので，この **165 比較宗教**のところに分類することにします。「比較」と付いていますが，特に比較して論じているものだけでなく，複数の宗教を扱ったものもここに分類してよいでしょう。

　次に，165 の下の区分ですが，特に巡礼という項目はありません。そこで，それぞれの宗教の巡礼がどこに区分されているかを見てみましょう。これらはいちばん下位の記号が 6，8，9 とばらばらですが，区分すべき特定の記号があるのでしょうか。

　まず，イスラム教の 167.6 は，**167 イスラム**の下の，**.6 勤行：告白，祈祷，喜捨，断食，巡礼，戒律**です。キリスト教では **19 キリスト教**の下の **196 典礼．祭式．礼拝**の下の，**.8 信心行．禁欲苦行．巡礼**です。仏教では **18 仏教**の下の **186 仏会**の下の **.9 巡礼**です。つまり，イスラム教では .6 の部分，キリスト教では 6 の部分，仏教も 6 の部分が固有補助表に該当していて，NDC としては巡礼を固有補助表の 6 に分類するのだということがわかります。

　したがって，課題の図書は **165 比較宗教**の下の，**.6 儀式．礼典**に分類します。

172 | Ⅱ部　3章　応用例題と解説

3．2類

① マーティン　W．サンドラー著『図説・大西洋の歴史：世界史を動かした海の物語』（悠書館，2014）

太古より "暗黒の海" として人びとから恐れられた大洋，長きにわたって人類を分断していた海が，やがて世界の大動脈となり，四つの大陸をつなぐ水路となるまでの数千年の歴史を，数百点の図版とともに語った，他に類のない冒険と発見の書。
〈目次〉
◦大西洋—暗黒の海
◦探検と新大陸発見—ヨーロッパ人と新大陸の出会い
◦新世界がもたらした衝撃—ぶつかりあうヨーロッパ文化とアメリカ先住民文化
◦植民地—新世界への移住
◦奴隷制度—残酷な囚われの身
◦アメリカ独立革命—大西洋を挟んだ宗主国との関係を断ち切る
◦アメリカ独立革命が与えた影響—政治体制の新しい規範として
◦産業革命—機械化と大西洋世界
◦新たな船，新たな通商—大西洋交易の新時代
◦押し寄せる移民の波—文化の歴史的転移
◦ゆるぎなき大西洋世界—二〇世紀および二一世紀

　タイトルからは，この本の主題は大西洋の歴史であるように思えます。もしそうなら，大西洋は海ですから，海の歴史は地球の歴史の一部であり，**45 地球科学．地学**の下の**452 海洋史**（の下）に分類することになります。しかし内容紹介や目次を見ると，この本は地球の一部としての大西洋の歴史ではなく，大西洋を渡って交易し

3．2類 | *173*

てきた人間の歴史であることがわかります。そうであれば，主題は
大西洋ではなく一般の歴史ということになり，「四つの大陸をつな
ぐ水路」ですので地域が限定されないと考えて **209 世界史**に分類
するのがよいと考えられます。そして時代は限定されていませんか
らこれ以上は区分できませんので，**209 世界史**に分類します。

② 内田伸著『山口県の金石文』（マツノ書店，1990）

「金石文」を索引で引くと，

　金石文（日本史）　210.028
　　　　（歴史）　　　202.8

とあり，これを本表で確認すると，**210 日本史**の下の **210.028 金石
学：金石文，金石誌**と，**202 歴史補助学**の下の **.8 金石学：金石文，
金石誌**であることがわかります。

　この二つはどのように使い分けるのでしょうか。両者の違いは二
桁目の 0 と 1 の違いです。**2 歴史**のところは先頭の 2 の次に地理区
分がされています（Ⅰ部 4 章 3．2 類参照）ので，0 は国や地域に
限定されないものに，1 は日本に使用する地理区分です。

　つまり，202.8 は先頭の 2（歴史）の次の地理区分が「0」になっ
ていますので，国や地域に限定されないものが対象となります。他
方 210.028 は地理区分が「1」ですので日本史に関するものが対象
です。課題の図書は日本の金石文ですから 202 ではなく 210 の下に
分類するべきであることがわかります。したがって，210.028 の方
がよさそうに思えますが，地域が限定されているという意味では，

日本にとどまらず，山口県まで限定されています。歴史はまず地域で分類することが優先されますので，山口県の金石文の場合は日本全体ではなく山口県に分類しなければなりません。

山口県の歴史の分類記号は，**217 中国地方**の下の **.7 山口県**です。もし，この下にさらに金石文という区分があればそれを採用しますが，**.7 山口県**の下には何もありません。そのため，.7 までとなり，**217.7 山口県の歴史**がこの課題の図書の分類記号になります。

③ 油井宏子著『江戸が大好きになる古文書』（柏書房，2007）

> 誰でも必ずよめるようになる解読法。自分だけの江戸時代がつかみとれる。秘訣は"じっとにらむ""真似して書く""声に出して読む"こと。

江戸時代の古文書を読むための解説書です。**202.9 古文書学**というのがありますが，これが日本に限らないことは先に②で見た**202.8 金石学**と同様です。日本史の古文書学としては，**210.029 古文書学．花押**があります。

先に見た『山口県の金石文』は，まず地域で分類するために山口県の歴史になりました。今度は江戸時代です。地域として特に江戸に限定されているものであれば**213.6 東京都**まで区分することもできますが，特に江戸の地域に限定せず，一般的に江戸時代という時代を表すためには**210 日本史**の下の **.5 近世**を使用します。そこで**210.029 古文書学．花押**と **210.5 近世**とどちらがよいかということになります。両者ともに 210 であり，地域は 10 で日本までしか区分していませんのでこの点では同じです。

地理区分の次は時代の区分の桁ですが，これを見比べると，

3. 2類 | *175*

210.**5** は 5 として限定されていますが，210.0**29** は 0 となっていることがわかります。0 よりも 1〜9 が優先されます（I 部 3 章 10．1〜9 と 0 参照）ので，5 を採用して **210.5 近世**に分類することになります。

④ 松尾晋一著『江戸幕府の対外政策と沿岸警備』（校倉書房，2010）

〈目次〉
序章
第 1 部　家光政権による「南蛮船」来航禁止と沿岸警備（家光政権にとっての「脅威」と沿岸警備；家光政権の外交姿勢と異国船来航への現実的な対応―正保四年（一六四七）ポルトガル使節船来航から；オランダにとっての家光政権の対外政策）
第 2 部　幕府外交姿勢の硬直化（家綱政権期の南蛮船対応策―政策の転換と沿岸警備体制の整備；沿岸警備の実態と幕府の外交姿勢―寛文十三年（一六七三）のリターン号事件から；南蛮船への対応と外交姿勢の硬直化―貞享二年（一六八五）の漂着民送還への対応から）
第 3 部　環シナ海世界の情勢変化と幕府対外政策（幕府対外政策における「唐人」「唐船」問題の推移―「宥和」政策から「強硬」政策への転換過程とその論理；正徳新例発給と沿岸警備強化の意義；幕府対外政策における「唐船」打ち払いの意義）
総括

　江戸時代における，江戸幕府による対外政策と湾岸警備について論じた本ですので，キーワードは，江戸時代，対外政策，沿岸警備の三つです。
　まず最初に，対外政策と沿岸警備の扱いを考えてみましょう。こ

176 | Ⅱ部 3章 応用例題と解説

江戸時代の対外関係	?	←これを319とすると，江戸時
幕末の対外関係	210.59	代と現代の対外関係が319で，
現代の対外関係	319	その間にある幕末が210にな
		ってしまうので，これも210
		に分類し，210.5とする。

図37 江戸時代の対外関係の考え方

こでの沿岸警備は対外政策の一部であると考えられます。つまり，
対外政策が上位の概念で，湾岸警備は下位の概念ということができ
ます。その場合は，上位の概念で分類します（Ⅱ部1章4．複数主
題）ので，ここでは湾岸警備ではなく，対外政策として分類します。

　次に江戸時代と対外政策を考えてみましょう。

　江戸時代の対外政策は，江戸時代がメインになるのか，あるいは
対外政策がメインになるのかどちらでしょうか。江戸時代なら
210.5 日本史の近世ですし，対外政策なら**319 外交．国際問題**にな
ります。基本的には○○の歴史は○○に分類しますので，対外政策
の下に分類しそうな気がしますが，**210 日本史**の下に，**.59 幕末の
対外関係**という項目があります。つまり，幕末の時代における対外
関係は，**319 外交．国際問題**ではなく，**210 日本史**として扱うので
す。現代の外交関係は319ですから，幕末の外交関係が210なのに，
それ以前の外交を319とすると統一が取れません。したがって，江
戸時代の対外関係は**210.5 近世**に分類するのがよいと考えられます。

　なお，**210.18 対外交渉史**というのがありますが，これは**.1 通史**
の下にありますので，通史としての対外交渉史を分類するところで
あり，江戸時代に限定されている場合は江戸時代の方に分類します。

３. ２類 | *177*

⑤ 壬生篤編『江戸古地図ガイド』（徳間書店，2013）

現代の東京と江戸時代の街並みを古地図で比較した書。江戸の名所を巡り，当時に思いをはせ情緒を味わう。古地図と現代の地図を見比べながら，江戸〜東京をタイムスリップ。浮世絵や今昔の写真も満載，オールカラー。
丸の内，江戸城，日本橋，銀座，新宿，永田町，紀尾井町，神田界隈，溜池，赤坂，浅草，吉原，向島，深川，木場，神楽坂。

　江戸時代の江戸の地図を見て，それが現代の地図でどこに対応するかを確認してその場所の江戸時代を想像するという構成になっています。タイトルには「古地図ガイド」とありますが，古地図そのものを論じているわけではありませんので，これは主題にはなりません。したがって，ポイントはメインの主題は江戸時代つまり歴史なのかあるいは江戸という地理なのか，という見極めです。時間軸としての江戸時代がメインであれば**21 日本史**の下に，江戸という地域がメインであれば**291 日本の地理**の下に分類します。

　そもそも，江戸時代の地図は歴史と地理のいずれに分類するのでしょうか。索引で「古地図」を引くと「29△038」とありますので，古地図は地理に分類するのだということがわかります。つまり，今からみると過去の情報ですが，地図というのは地理的・地域的な資料ですから，地理に分類するのです[9]。

　課題の図書は，江戸時代の地図（つまり**29 地理**）を見て，現在の地図（**29 地理**）と比較するのですから，歴史ではなく**29 地理**に

9：しかしこの論理では，古文書も当時としては現在の資料なのだから，歴史に分類するのではなく，例えば小作契約などの主題に分類すべきである，という結論を導いてしまいますので，あまり深入りしない方がよいでしょう。

分類すべきであると考えられます。29の下は地理区分をします。課題の図書は江戸の地図で現在の東京都区部に限定されていますから，**29 地理**に東京都区部の地理区分 –1361 を付加して**291.361**とします。

⑥ 跡部蛮著『古地図で謎解き江戸東京「まち」の歴史』（双葉社，2014）

人の一生と同じく，「まち」にも歴史がある。なぜ，江戸庶民に人気の行楽地だった新宿西口が副都心になったのか。どうして，開業当初の山手線は池袋に駅を設けなかったのか。江戸時代から現代にかけて，大きく変わった東京44の「まち」。その44の謎を，古い地図を手がかりに探ってみよう。
〈目次〉
第1章　都心編（日本橋—江戸の町づくりはここから始まった；銀座—文明開化の街には猛獣が住んでいた　ほか）
第2章　山の手編（新宿歌舞伎町—東洋一の歓楽街に「女子高」があったころ；新宿西口—都庁の裏は滝だった！水の記憶が残る町　ほか）
第3章　東京南部・東部編（羽田空港—進駐軍ですら恐れた「大鳥居」の祟り；蒲田・田園調布—キネマの町は菖蒲園から生まれた　ほか）
第4章　東京西部・北部編（立川・八王子—日本の「シルクロード」と世界に誇る「空の都」；吉祥寺—ゼロ戦の町が一番住みたい町になったわけ　ほか）

　同じく古地図を使用して，今度は東京の「まち」の歴史を論じた本です。この場合は東京の歴史が主題になりますので，**2 歴史**の次はまず地域である東京で分類します。課題の図書では，第4章に立川市，八王子市，吉祥寺（武蔵野市）がありますので，**213.61 東**

3．2類 | *179*

京都区部だけではありません。したがって，その上の，**213.6 東京都の歴史**となります。

さらに，10版ではその後ろに固有補助表に基づいて時代区分を付加できるようになりました。江戸時代ですから，**–05 近世**を付加して 213.605 とします。

⑦ 中田勇次郎編『中國墓誌精華』（中央公論社，1975）

中国の墓誌の研究書です。

「墓誌」を索引で引くと，

墓誌 　　　　　280.2

　　（日本）　　281.02

とあり，これらを本表で確認すると，**28 伝記**の下の **.2 墓誌．墓銘**と **281 日本の伝記**の下の **.02 忌辰録．墓誌**です。ここから，墓誌は伝記のところに分類するのだということがわかります。課題の図書は中国の墓誌ですから，中国の伝記として分類します。中国の伝記は **28 伝記**に地理区分の –22 を付加して 282.2 になります。しかし，本表の項目としては **282 アジア**はありますが **282.2 中国**はありません。これは，282.2 を使用できないという意味ではなく，単に地理区分の一部を項目として挙げてあるに過ぎませんので，注の「＊地理区分」に従って –22 を付加します。

しかしそれ以上の区分はありませんので，中国については（というより，280 の伝記一般と，281 の日本以外では）「墓誌」を分類記号に反映させることはできないということになります。したがって，

282.2 中国の伝記に分類します。

なお，9版では「墓誌」を索引で引くと「28△02」とありますので，以下これについて考えてみます。

索引の参照先の△は地理区分で置き換えるという記号ですから，中国の場合は**-22 中国**で置き換えて，282.202 という分類記号が得られます。これを本表で確認してみると，10版と同じく**282 アジア**しかありません。そこで，これより上位の**280 伝記**のところを見てみると，**.2 墓誌．墓銘**とありますので，墓誌の分類記号は**28 伝記**＋地理区分＋02 で得られることがわかります。それではこの 02 は何でしょうか。

280 伝記の下の.2 の前後を見てみると，**.3 参考図書**，**.31 人物書誌**，**.33 人名辞典**……**.7 研究法**，**.8 叢書**のように，形式区分と対応していることがわかります。つまり，**28 伝記**のところでは，通常の形式区分の内容に加えて，02 には墓誌．墓銘，031 には人物書誌，033 には人名辞典などの項目を追加して使用できるようになっているのです。形式区分であれば本表に項目がなくても付加することができますので，当然中国のところにも付加することができるわけです。理屈がわかれば簡単なことですが，索引を引かなければ9版では中国の墓誌にも形式区分の 02 を使用することができるのだ，ということはわからないでしょう。

⑧ 勝浦令子著『孝謙・称徳天皇：出家しても政を行ふに豈障らず』（ミネルヴァ書房，2014）

孝謙・称徳天皇（718～770，在位：749～758，764～770）異例の女性皇太子を経て即位し，藤原仲麻呂ら多くの政敵と闘い，父聖武天皇の仏教

3．2類 ｜ *181*

政策を継承しつつも，道鏡を重用し独自の政治を行った孝謙・称徳天皇。
本書では「王権と仏教」「女性と仏教」という視点から，その実像に迫る。

　孝謙・称徳天皇の伝記です。一般の人の伝記は 289 個人伝記に分
類しますが，天皇の伝記は **288 系譜．家史．皇室**の下の **288.41 天
皇**に分類します（I 部 4 章 3．2 類参照）。

⑨　浅野憲著『中国旅行ガイド』（三修社，1985）

　NDC には，旅行という分類記号はありません。強いて言えば，
384.37 交易．交通．旅行．運搬．市と店が該当するのですが，**380
風俗習慣．民俗学．民族学**の下にあるため，現代の旅行については
あまり使用しないようです。服装については現代のものも **383 衣
食住の習俗**の下の**.1 服装．服飾史**を使用しますので，旅行につい
ても 384.37 を使用してもよいのではないかと思うのですが。
　旅行という記号はありませんが，**291／297 各国・各地域の地理・
地誌・紀行**の固有補助表に**-093 案内記**というのがあり，旅行ガイ
ドはここに分類することができます。
　課題の図書は中国旅行のガイドですから，**29 地理．地誌．紀行**
＋**22 中国**（地理区分）＋**093 案内記**→292.2093 となります。

⑩　兪虹ほか著『ひとり旅これで十分中国語会話』（実業之日本社，
　　1998）

　「ひとり旅」というのは分類記号には反映されません。一人旅も
パックツアーも NDC としては単なる「旅」です。したがって，「旅

182 | Ⅱ部　3章　応用例題と解説

行で使用する中国語の会話」が主題となります。

　「○○のための△△」は対象である○○に分類するのが基本です（Ⅱ部1章4．複数主題）。課題の図書も単なる中国語の会話ではなく対象が旅行者に限定されているのですから，旅行に分類してもよさそうに思いますが，実際には旅行会話はすべて**8言語**の下の会話として分類するのが一般的です。これは，先に⑨でも述べたようにNDCでは旅行という主題を直接的に表す記号がないため，対象よりもその言語の会話がメインとして扱われるためであると考えられます。課題の図書は中国語ですから，**827.8 中国語会話**となります。

⑪ 平成暮らしの研究会編『海外旅行の裏ワザ・隠しワザ：快適！お得！の超実用本』（河出書房新社，2000）

> 空港，機内，ホテルでの快適ワザから，荷造りのコツ，旅先で重宝する意外な小物，お得な買い物，ツアー選び，危険回避術まで……知って安心，大満足の秘策を完全網羅。

　特定の地域に限定しない海外旅行について解説した本です。特定の地域の旅行であればその地域の地理として分類しますが，海外というのは特定の地域に限定されないと考えますので，地域としては「0」を使用して 29＋0→290 とします。そしてこれもガイドブックですので，**290 地理．地誌．紀行**の下の **.93 旅行案内記**，つまり 290.93 とします。

4．3類

① 田中信世監修・編『EU の文化とことば』（汐文社，2005）

〈目次〉

プロローグ　ヨーロッパの歴史は戦争の歴史（どうして国と国は戦うの
　だろう？：EU の国々のちがいはなに？）

第1部　EU ってどんな文化，ことば？（EU の「ことば」はどうなる
　の？：英語ってどんなことば？：英語，ドイツ語，フランス語，スペ
　イン語のちがいは？　ほか）

第2部　EU の国々を知ろう！（チェコ―歴史・音楽・建築，文化豊か
　な国：スロバキア―農業国から工業国に発展する国；ハンガリー―大
　帝国の歴史を残す国　ほか）

　EU という地域における文化とことばですので，メインの主題は
文化とことばで EU がサブになります。目次を見ると，第1部が
EU のことばについて解説していて，第2部で EU の文化や社会状
況を論じています。この場合，ことばと文化という二つの主題を扱
っていると考えて**8言語**に分類することもできますが，ことばは
文化の一部として扱われていると考えて，ヨーロッパの文化として
分類するのがよいでしょう。

　次に「文化」の分類です。**302 政治・経済・社会・文化事情**とし
て，「＊ここには，政治，経済，文化，教育，国民性，風俗などを
含む各国の事情を収める」とありますので，この 302 にヨーロッパ
の地理区分 -3 を付加して 302.3 に分類します。

184 | Ⅱ部　3章・応用例題と解説

② 吉野亨著『ブラジルのことがマンガで3時間でわかる本：2045
　年の資源大国』（明日香出版社，2014）

地球の反対側の，遠くて近い国。ブラジル在駐商社マンがどっぷり漬か
って見えたこと。
〈目次〉
第1章　世界とブラジル
第2章　社会
第3章　経済
第4章　企業
第5章　政治・法律
第6章　文化
第7章　生活

　本文は漫画ですが，この内容の「ブラジル在駐商社マンがどっぷ
り漬かって見えたこと」を漫画で表現したに過ぎません。このよう
な場合は漫画ではなくその主題で分類します。そしてその内容は社
会，経済，政治，法律，文化，生活と社会的な側面全般に渡ってい
ますので，**302 政治・経済・社会・文化事情**に分類し，「＊地理区分」
とありますので**-62 ブラジル**を付加して 302.62 とします。

③ 半藤一利ほか著『日中韓を振り回すナショナリズムの正体』（東
　洋経済新報社，2014）

"憎悪の連鎖"をどうやって断ち切ればいいのか。"自虐史観""居直り
史観"を共に排して，歴史を直視すれば，解決の道は見えてくる──。
「気づいたら戦争」にならないための"本物の愛国者"入門。
〈目次〉

プロローグ 「国家ナショナリズム」が「庶民ナショナリズム」を駆逐
　　する
第1章　現代日本のナショナリズムが歪んだ理由
第2章　近代史が教える日本のナショナリズムの実体
第3章　中国と韓国の「反日感情」の歴史背景
第4章　現代の中国および韓国のナショナリズム
第5章　将来に向けての日本のナショナリズム

　ナショナリズムという項目が，**311.3 国粋主義．ナショナリズム．
民族主義**にあります。この近辺には，**.7 民主主義**，**.8 全体主義．
ファシズム**，**.9 社会主義．共産主義**などが項目として挙げられて
いますので，それぞれの政治思想はこれらに分類すればよいことが
わかります。しかし，特定の国の特定の政治思想を，国で分類する
のか，それともそれぞれの政治思想に分類するのかは明示されてい
ません。

　政治体制については **313 国家の形態．政治体制**の注に「＊ここ
には，国家の歴史，国体，政体〈一般〉を収め，各国の政治体制は，
312.1／.7 に収める」とありますので，例えば日本の民主制は **313.7
民主制**ではなく，**312.1 日本の政治史・事情**に分類することがわか
ります。他方，**311 政治学．政治思想**についてはこれに該当する注
がありませんので，例えば日本のナショナリズムを **311.21 日本の
政治学史．政治思想史**に分類するのか，あるいは **.3 国粋主義．ナ
ショナリズム．民族主義**に分類するのかは明示されていません。し
かし，注がないということは原則どおりということですので，ナシ
ョナリズムなどを政治思想のうちの特定の内容ととらえて **.3／.9
各種の政治思想**に分類するのがよいと考えられます。したがって，
311.3 国粋主義．ナショナリズム．民族主義とします。

④ 安丸良夫ほか著『近代日本の国家権力と天皇制』（御茶の水書房，2014）

> 国家権力と天皇制——安丸良夫氏との対談に向けて，近代化の装置としての天皇制への批判的視座，戦後国家における天皇・天皇制，その延命の根拠。今，天皇・天皇制を検証する。
> 〈目次〉
> 国家権力と天皇制—安丸良夫氏との対談に向けて（幻想の共同性の装置としての国家神道；国家宗教による近代化への精神動員；アメリカが保証した戦後国体の延命　ほか）
> 1　近代化の装置としての天皇制への批判的視座（近代国家の支配—統治・資本制・幻想の共同性；「幻想の共同性」と宗教；天皇制論と「三二テーゼ」　ほか）
> 2　戦後国家における天皇・天皇制，その延命の根拠（『永続敗戦論』と「天皇制の最高形態」；徹底して負けたからこそ「負けてない」といえる！；「無責任の体系」と日本の戦後過程　ほか）

　③で見たように，特定の国家の政治体制は **313 国家の形態．政治体制** ではなく，312.1／.7 に分類するのですが，313.61 に「天皇制」があります。天皇という名称を使用するのは日本だけですから，天皇制は必然的に日本の政治体制ということになってしまい，使い分けが混乱するところです。この .61 は 9 版で追加された項目でもありますので，日本の天皇制については基本的に **312.1 日本の政治体制** として分類し，どうしても日本に限定できない，天皇制という体制そのものについて論じた資料についてだけ 313.61 を使用するのがよいでしょう。したがって，課題の図書は **312.1 日本の政治体制** に分類します。

⑤ 青弓社編集部編『プライバシーと出版・報道の自由』（青弓社，
　2001）

> 表現の自由とプライバシーの問題では，報道する側＝加害者，報道され
> る側＝被害者という一面的図式の思考は不毛であり，個々の場合に応じ
> た慎重な思考が必要である。本書では，表現の自由とプライバシー権の
> せめぎあいの歴史的な経緯を再確認したうえで，「犯罪報道とプライバ
> シーの保護」「小説とプライバシーと表現の自由」「芸能人とプライバシ
> ー」の３つの視点から論考を提起，出版・報道の本質にかかわる問題と
> して，表現の自由とプライバシー保護はいかにあるべきか，再考を促す。
> 〈目次〉
> プライバシー権の起源と日本の法体系における位置づけ
> 第１部　犯罪報道とプライバシーの保護（少年法の精神と匿名報道主義
> 　　理論：報道の自由と名誉・プライバシーとの調整：出版・表現の自由
> 　　とプライバシー；出版による被害に対する救済）
> 第２部　小説とプライバシーと表現の自由（柳美里プライバシー裁判の
> 　　真実：『石に泳ぐ魚』東京地裁判決を考える―プライバシー・名誉・差し
> 　　止め判断をめぐって：柳美里氏の小説，出版差し止め判決をめぐって）
> 第３部　芸能人とプライバシー（プライバシー報道―自由なアメリカ，
> 　　禁止のフランス：芸能人にプライバシーはない！！：芸能マスコミと
> 　　出版・販売の自由：ワイドショーと"芸能人"情報の商品化）

　プライバシーについては，**316 国家と個人・宗教・民族**の下の **.1
国家と個人**のところに分類します。出版の自由は **316.1 国家と個人**
もしくは **023 出版**の下の **.8 出版と自由**，報道の自由は **070 ジャー
ナリズム．新聞**の下にある **.13 報道の自由．新聞と自由**に分類しま
す。

　課題の図書は，プライバシーを巡って出版の自由，報道の自由を

188 | II部 3章 応用例題と解説

論じています。このように中心となる主題がある場合にはその主題に分類しますので，プライバシーをメインと考えて**316.1 国家と個人**がよいでしょう。

なお，プライバシーや個人情報保護の問題は，必ずしも国家と個人の関係だけではなく，個人と個人や個人と団体の間でも問題になるものですが，いずれの場合でもこの**316.1 国家と個人**に分類します。

⑥ 太田丈太郎著『「ロシア・モダニズム」を生きる：日本とロシア，コトバとヒトのネットワーク』（成文社，2014）

個々のヒトの，作品やコトバの関わり，その彩りゆたかなネットワーク。1900年代から30年代まで，日本とロシアで交わされた，そのネットワークに迫る。

〈目次〉

第1部 日本とロシア（「ユーラシア」としてのロシア—ニコライ・トルベツコイと現代：十九世紀ロシア文学と日本近代文学—芥川龍之介の場合 ほか）

第2部 黒田乙吉（生きているゴーリキー—モスクワ特派員・黒田乙吉；ヴォークスをめぐる人々—「日本文学の夕べ」 ほか）

第3部 二世左團次歌舞伎訪ソ公演（歌舞伎と私の"いま・ここ"で；歌舞伎のレニングラード—二代目左團次を観た宮本百合子 ほか）

第4部 鳴海完造とその日記（「学問」の方法論—鳴海完造日記について；鳴海完造日記—小山内薫のモスクワ ほか）

日本とロシアの関係について論じています。文学や歌舞伎が扱われていることからも，政治的な関係ではなく，文化的な交流であることがわかります。政治的な関係であれば**31 政治**の下に**319 外交.**

国際問題がありますが，文化的な交流を分類する項目は NDC には
ありません。そのため，外交を広く対外関係ととらえて，文化的な，
あるいは民間の交流も **319 外交．国際問題**に分類します。

　課題は日本とロシアの関係ですから，**319 外交．国際問題**＋**1 日
本**（地理区分）＋0（相手国との区切りのしるし）＋**38 ロシア**（地
理区分）→319.1038 となります。

⑦ ハミルトン・フィッシュ著『ルーズベルトの開戦責任：大統領
　　が最も恐れた男の証言』（草思社，2014）

「大統領は何がなんでも戦争をしたかった」ポーランドに圧力をかけ，
議会を欺いて世界を大戦に導いたルーズベルトの責任を厳しく追及。同
時代の重要政治家による歴史的証言。
〈目次〉
◦大統領と個人崇拝
◦アメリカ参戦への画策
◦若者を外国の戦場に送ってはならない
◦容共派に囲い込まれた FDR
◦イギリスを戦争に駆り立てた FDR
◦イギリス第一主義者：ウィンストン・チャーチル
◦ルーズベルトの対仏軍事支援密約（一九三九年）
◦ルーズベルトのフランスへの裏切り
◦ジョセフ・ケネディ駐英大使
◦リッベントロップ独外相との会談（一九三九年八月十四日）〔ほか〕

　ルーズベルトが扱われていることや，目次に 1939 年とあるので
ここでいう「戦争」は第二次世界大戦です。
　第二次世界大戦の開戦原因と考えれば **209 世界史**の下の **209.74**

190 | Ⅱ部　3章　応用例題と解説

第2次世界大戦という分類も考えられますが，アメリカの大統領
であるルーズベルトの外交に焦点があてられていますので，アメリ
カの外交として，**319 外交．国際問題**＋**53 アメリカ合衆国**（地理
区分）→319.53 がよさそうです。**319 外交**はこのように相手国が限
定されていない場合に，中心となる国だけを地理区分して使用する
こともできます。

⑧　上迫明著『契約書の書き方：すぐに使える契約書式集』（西日本
　　法規出版，2005）

〈目次〉
。契約書を作る時の基礎知識
。貸借契約に関する書式サンプル
。売買契約に関する書式サンプル
。業務委託契約に関する書式サンプル
。共同開発契約に関する書式サンプル
。アフターサービスに関する書式サンプル
。品質保証・クレーム補償に関する書式サンプル
。合意解約に関する書式サンプル
。示談書に関する書式サンプル
。確認書に関する書式サンプル
。委任状に関する書式サンプル
。その他契約に関する書式サンプル

　非常に幅広い契約関係の書類の書き方について解説されています。
何か特定の主題の契約であればその主題に分類できますが，このよ
うに特に特定の主題がない場合は，契約全般と考えます。そして，
この契約は法律上効力を持つ行為ですので，民法の契約（324.52）

のところに分類します。**32 法律**といっても，法律そのものだけではなく，法律に関連する主題についてもここに分類するという例です。

⑨ 千藤洋三著『家族法』（法律文化社，2014）

〈目次〉
◦ 家族法を学ぶための基礎知識
◦ 婚姻の成立
◦ 婚姻の効果
◦ 離婚の成立
◦ 離婚の効果
◦ 親子
◦ 親権，後見・保佐・補助，扶養
◦ 相続
◦ 相続人と相続分
◦ 遺産分割
◦ 相続の承認と放棄
◦ 遺言と遺贈
◦ 遺留分

　特定の主題の法律は**32 法律**ではなく，それぞれの主題に分類するのでした。そうすると「家族法」も**32 法律**ではなく家族の下に分類することになるのではないかと思えますが，家族法は民法の一部であり，民法は六法ですので**32 法律**に分類します（**32 法律**に分類する内容はⅠ部4章4．3類参照）。したがって，**324 民法**の下の**.6 親族法．家族法．身分法**となります。

192 | Ⅱ部　3章　応用例題と解説

⑩ 大阪弁護士会死刑廃止検討プロジェクトチーム編『終身刑を考える』(日本評論社，2014)

「終身刑」という語は本表にも索引にありませんが，「刑」の問題ですので本表の **326 刑法**の **.4 刑罰**を見てみると，

.41　死刑．体刑
.42　自由刑：懲役，禁固，拘留，流刑
.43　財産刑：罰金，科料，没収
.44　名誉刑：公権の剥奪

という4種類の刑罰が項目として立てられています。終身刑は期間が終身であるというだけで，刑の種類としては自由刑ですから，**326.42 自由刑**が課題の図書の分類記号となります。

⑪ マイクル　O．フィンケルスタイン著『法統計学入門：法律家のための確率統計の初歩』(木鐸社，2014)

法学の統計的研究ですので，**32 法律**に形式区分の **-019 数学的・統計学的研究**を付加したいところなのですが，本表を確認すると，

320 法律
[.1→321]

とありますので，32＋01 は 320.1 ではなく，321 となることがわかります。とすると，**32 法律**＋019 は 321.9 となるはずですが，321.9

という記号はすでに比較法学に使用されています。通常は本表にすでにある記号と抵触する場合は間に 0 を入れて調整しますが，ここでは逆に 0 を削除して 32＋01 を 321 とする規定がありますので，その方法は使えません。したがって，**321 法学**にとどめます。

⑫ 和田進士著『イギリスの別件逮捕・勾留』（成文堂，2014）

本書は，日本の別件逮捕・勾留に相当するイギリスの捜査方法であるホールディング・チャージ（holding charge(s)）について，著者のこれまでの研究を 1 冊の形にまとめたものである。別件逮捕・勾留問題との関係でイギリスの状況を詳しく述べている。

〈目次〉

第 1 章　旧裁判官準則期におけるホールディング・チャージ（リー委員会以前の状況；リー委員会；リー委員会以後の状況；考察）

第 2 章　新裁判官準則期におけるホールディング・チャージ（裁判所の判断；学説など；議論の整理と今後の課題）

第 3 章　1984 年警察・刑事証拠法制定過程期におけるホールディング・チャージ（フィリップス委員会；警察・刑事証拠法案議会審議；考察）

第 4 章　1984 年警察・刑事証拠法期におけるホールディング・チャージ（裁判所の判断；学説など）

終章（2003 年実務規範改正前の状況；2003 年実務規範改正後の状況）

「別件逮捕・勾留」が個別のテーマですからメインとなり，「イギリスの」が地域を限定するものですのでサブになります。

　索引で「別件逮捕」を引いても載っていませんが，「逮捕（刑事訴訟法）」は 327.62 とあります。もう一つの「勾留」も 327.62 とありますのでここでよさそうですが，**32 法律**のところは基本的に日本の法律を分類し，外国のものは **324.9 外国の民法**，**325.9 外国の**

商法など，それぞれの法律の下の **.9 外国の〇〇法**に分類して地理区分します。訴訟法については，民事訴訟法は 327.2 で刑事訴訟法は 327.6 ですが，外国のものは民事・刑事とも **327.9 外国の司法制度・訴訟制度**となります。課題の図書はイギリスが対象ですので，327.9＋33（イギリス）→327.933 に分類します。

⑬ 田中浩編『EU を考える』（未來社，2011）

> 全世界的経済危機とエネルギー問題に直面し，いまその真価が問われる EU。通貨統合，共通外交・安全保障，司法協力から福祉・環境・メディア政策まで，喫緊の課題と展望を徹底的に論ずる。

　EU の分類としては，**329.37 地域的国際機関**，**333.7 経済統合. 経済ブロック**，**319.3 ヨーロッパの外交**などが考えられます。

　329.33 国際連合の注に「＊ここには，組織・憲章・機構など法的観点から扱ったものを収め，政治的なものは，319.9 に収める」とあるように，EU についても 329.37 は「組織・憲章・機構など法的観点から扱ったもの」を収め，経済統合に関するものは **333.7 経済統合. 経済ブロック**に分類するのだと考えられます。しかし現在では，EU は経済統合のみならず，政治的にも深く結びついていますので，333.7 の経済統合だけでは収まらないものが多くなっています。そこで，課題のように広く EU 全般について論じたものは **329.37 地域的国際機関**に分類するのがよいでしょう。

⑭ 粟屋憲太郎著『東京裁判への道』（講談社，2006）

> 「A 級戦犯」二八人はいかにして選ばれたのか。天皇不訴追の決定プロ

> セスの真実とは。釈放されていく「大物」たち，免責された毒ガス・細
> 菌戦。冷戦が本格化してゆく中で，無視された証言・証拠……アメリカ
> に残されていた膨大な尋問調書を丹念に読み解き，語られざる歴史の実
> 相と当事者達の人間ドラマを描き出す。東京裁判はこうして始められ
> た！

　東京裁判は第二次世界大戦後の日本で実施された裁判ですので，**209.75 世界史の 1945-2000** や **210.762 日本史の占領軍統治時代**，あるいは **319.1 日本の外交** などが該当しそうに思えますが，これについては **329 国際法** の下に **.66 戦争の終結：講和条約** があり，その注として「＊ポツダム宣言，司令部覚書などによる日本管理政策および関係法令集は，ここに収める」とありますので，日本という個別の問題についても **329 国際法** の下に分類することがわかります。ここから類推すると，東京裁判も **329 国際法** の下に分類すると考えられ，戦争犯罪についての裁判ですから **329.67 戦争犯罪．国際軍事裁判所** に分類します。

⑮　石橋春男ほか著『よくわかる！ミクロ経済学入門』（慶應義塾大
　　学出版会，2014）

　ミクロ経済学の入門書です。NDC ではミクロ経済学とマクロ経済学とを区別しませんので，いずれの場合も **331 経済学．経済思想** に分類します。また，「入門」「解説」「詳説」「図解」などの語は分類記号には反映されません。

196 | Ⅱ部　3章　応用例題と解説

⑯ 根岸隆著『経済学の理論と発展』(ミネルヴァ書房, 2008)

〈目次〉
第1部　古典派経済学―揺籃期の経済学（アダム・スミスの分業と構造
　　的変化；アダム・スミスと不均衡経済理論；ミルはソーントンに如何
　　に答えるべきであったか；国際貿易理論史上の二問題）
第2部　限界革命―現代経済学の先駆（チューネンはなにを最大化した
　　のか？；クールノー入門；マーシャルは生産者余剰を忘れたのか？；
　　マーシャルの部分均衡論と生産者余剰）
第3部　日本の経済学―輸入から輸出へ（二十世紀の日本における一般
　　均衡理論；一橋におけるマーシャル研究；柴田敬と勢力対市場の問題，
　　ひとつの補遺的覚書；森嶋通夫教授と投資関数）
第4部　自分史―偉人たちとの対話（均衡の安定性：四十余年後の回
　　顧；初期根岸定理の気がつかなかった先行者たち）

　経済学の歴史です。経済学は **331 経済学**で，その下に **.2 経済学
説史．経済思想史**がありますので 331.2 に分類します（経済の学問
と歴史の関係については次の⑰で解説します）。

⑰ 今井正幸ほか著『市場経済下の苦悩と希望：21 世紀における課
　　題』(彩流社, 2008)

市場経済化の現実は，将来は？　中東欧諸国，ロシア，ウクライナ，キ
ルギス，バルト 3 国のケーススタディ，移行経済における IMF 経済政
策への批判，先進 EU 諸国と後進 EU 諸国双方の影響の分析を通して，
政策的ミスマッチを指摘する刺激的論集。

　経済の現状と将来像を描いたものです。
　現在の状況を描いたものは，過去ではありませんが現代史として

```
                    ┌ の研究→331経済学　の歴史→331.2経済学史
        330経済 ┤
                    └ の歴史→332経済史　の研究→332.01経済史学
```

図38 経済学，経済学史，経済史，経済史学の関係

形式区分の **-02 歴史的．地域的論述**を使用することができます。また，本来は形式区分の -02 は過去と現在を表すもので未来は含まれませんが，課題のように現在と未来を扱ったものにも-02 を使用することがあります。

したがって，**33 経済＋02 歴史的．地域的論述**（形式区分）→330.2→332（本表の［.2→332］の指示による）となります。

先に⑯で見た **331.2 経済学説史．経済思想史**は経済学の歴史であり，経済を研究した学問の歴史です。他方 **332 経済史**は経済そのものの歴史で，経済そのものを研究したものが経済学である，という関係になります。

ここでは経済について述べましたが，他の学問分野についても同じ構造になります。これを整理したのが図 38 です。

⑱ 子安増生ほか編『経済心理学のすすめ』（有斐閣，2007）

経済現象をめぐる人間の非合理的な判断や行動には，どういった法則性があるのか。経済学と心理学が交差する経済心理学（行動経済学）について，第一線で研究を進める経済学者と心理学者とが協力し，その発想の着眼点から現段階の研究の広がりまでを提示する。

〈目次〉

イントロダクション―経済学と心理学の協同に向けて

第1部　経済心理学の理論的基盤（心理学と経済学の交差点―需要関数・マッチング関数・割引関数；意思決定過程の心理学；リスク認知の心理学；市場競争と経済心理学；賭けのシステムと経済心理学；行動ファイナンス）

第2部　経済心理学の応用的展開（思考活動停止時における脳活動―経済心理学への基礎研究として；保険・年金・医療の経済心理学；問題商法とクリティカルシンキング；経済活動に関する信念と知識―仮説検証的思考；高校生・大学生のための経済学教育；子どものための経済学教育）

　従来の経済学は，人間は経済的に最大の利益を求めようとするという前提で議論されてきました。例えば，少しでも安いものを買うはずだ，とか，利益が最も多く得られる行動を取る，というものです。しかし実際には，少しぐらい高くても近くの店で購入したり，デザインの良いものを買ったりします。このような心理的な要素を加味して経済行動を理解しようという動きが経済心理学です。

　経済心理学を索引で引くと **366.94 労働心理学. 産業心理学** に分類することになっていますが，課題の図書のように経済行動を心理学的に分析するものについては，**366 労働経済** の下に分類するのはふさわしくありません。

　そこで，**331 経済学** に心理学的側面を付加したいところですが，形式区分に心理学的研究というものはありませんし，**331 経済学** の下を見ても，**.1 経済哲学** や **.19 経済数学** はありますが経済心理学という項目はありません。したがって，分類できるのは **331 経済学** までということになります。

⑲ セルジュ・ラトゥーシュ著『「脱成長」は，世界を変えられる
か？：贈与・幸福・自律の新たな社会へ』（作品社，2013）

> 欧州に広がる "脱成長" 型ライフスタイル，中南米，インド，アフリカ
> の農民・先住民による自律自治運動……グローバル経済に抗し，"真の
> 豊かさ" を求める社会が今，世界に広がっている。"脱成長" の提唱者
> ラトゥーシュによる "経済成長なき社会発展" の方法と実践。

　これまでの右肩上がりの経済成長に翳りが見えるとともに，常に
成長していかなければならないのか，という疑問が出されるように
なってきました。このような経済成長への疑問も経済成長という主
題の一部と考えられますが，それでは経済成長の分類記号はどうな
るでしょうか。

　意外なことに，NDC 本表の項目としては経済成長というものは
ありません。索引を引くと **331.19 経済数学．経済統計．計量経済
学**に分類するよう指示があります。おそらく本来は，経済の成長を
数学的に扱うという前提でここに分類することになっているのだと
想像しますが，他に適当な記号もありませんので，経済成長全般を
この 331.19 に分類することが多いようです。

⑳ 佐々木浩二著『マクロ経済入門：ケインズの経済学』（創成社，
2014）

> 〈目次〉
> 第1部　日本の経済（マネーの歴史：現代のマネー；GDP；国富；就
> 　業と失業）
> 第2部　ケインズの理論（モノの経済（最終消費支出；総資本形成）；

マネーの経済；失業の原因；政策の効果）
第3部　ケインズの議論（物価；物価と雇用；景気；完全雇用達成の難
しさ）

　タイトルとしては「マクロ経済」なのですが，サブタイトルとし
て「ケインズの経済学」とあります。この場合，本タイトルでは漠
然とマクロ経済一般を提示しておいて，サブタイトルでケインズの
経済学に限定していることを表しています。したがって，タイトル
からはケインズの経済学が主題なのではないかと考えられます。
　さらに目次を見ると，日本の経済を扱っていることがわかります
ので，この二つの主題の関係を考える必要があります。もしケイン
ズの経済学を日本の経済に適用して分析したのであれば，理論と応
用は応用に分類する，という原則を用いて応用である日本の経済に
分類します。しかし，目次を見ると第1部が日本の経済で，第2部
と第3部がケインズです。ということは，ケインズの理論を日本の
経済に適用したというより，日本の経済を通してケインズの経済学
を解説していると考えた方がよさそうです。著名な経済学者につい
ては，331.3／.7 に学派別に項目が立てられているほか，アダム・
スミスやマルサスなど，特に著名な経済学者は単独で一項目になっ
ているものもあります。ケインズの場合は **331.74 ケンブリッジ学
派［新古典学派］．ケインズ学派．ロンドン学派**に名前が挙がって
いますので，ここに分類します。

㉑ 本合暁詩著『対訳英語で学ぶコーポレートファイナンス入門：A bilingual introduction to corporate finance』（中央経済社，2014）

本書は，ファイナンスの基本的な知識を，英語・日本語の2カ国語で解説するものです。コンパクトにまとまっていながらも，ファイナンスを学ぶ大学生・大学院生の入門テキストとしては十分すぎる項目を網羅し，社会人のみなさんにも大いに役立つ内容です。

〈目次〉

第1章　価値の測定（企業経営とファイナンス；資産価値の評価（時間価値と債券の価値評価；株式の価値評価）；投資評価の手法）

第2章　リスクと資本コスト（リスクとリターン；ポートフォリオ分散；ベータとCAPM；加重平均資本コスト）

第3章　資本政策（資金還元；資本構成；節税効果，倒産コストと企業価値）

第4章　企業価値評価（企業価値の測定；経済付加価値EVA）

　タイトルに「対訳」とあるように，現物の図書を見ると見開きの左側に英語，右側に日本語が書かれている対訳本です。対訳になっているとつい **83 英語**のところに分類したくなりますが，その本が英語の勉強のためのものか，それとも主題を論じるためのものなのかを見極める必要があります。英語の勉強のためのものであれば**837.7 英語読本**に分類しますが，課題の解説には「ファイナンスの基本的な知識を，英語・日本語の2カ国語で解説するもの」とありますので，ファイナンスという主題で分類すべきであることがわかります。もちろん対訳だけでなく，本文が英語で書かれていて，場合によっては多少の単語や解釈の解説があっても，おもな目的が英語の学習ではなくその内容を読むことであればその内容の方に分類

202 | Ⅱ部　3章　応用例題と解説

します。

　ここでいうコーポレートファイナンスは企業の財務管理のことであり，財務管理は**336 経営管理**の下の**.8 財務管理**に分類しますから，336.8 とします。

㉒　中野常男ほか編著『近代会計史入門』（同文舘出版，2014）

> 本書は，13 世紀～20 世紀初頭に至るまでの，「会計」という人間の営む
> 行為そのもののアイデンティティを時間軸に沿って再確認する旅を叙述
> したものである。

　会計の歴史です。

　会計は**33 経済学**にある**336 経営管理**の下の**.9 財務会計．会計学**に分類します。これの歴史ですので，形式区分の**–02 歴史的・地域的論述**を付加して 336.902 とします。

㉓　石島弘著『不動産取得税と固定資産税の研究』（信山社，2008）

> 〈目次〉
> 序編　不動産取得税と固定資産税（不動産取得税と固定資産税―観念的
> 　に一体的租税；特別土地保有税―不動産取得税と固定資産税の一体的
> 　租税）
> 第 1 編　不動産取得税（不動産取得税の全体的検討；不動産取得税の性
> 　格論：判例の検討　ほか）
> 第 2 編　固定資産税（固定資産税の基本的問題；固定資産税の全体的検
> 　討　ほか）
> 第 3 編　アメリカの財産税（Property Tax）（アメリカの財産税（Pro-
> 　perty Tax）の発展；財産税（Property Tax）の改革の視点　ほか）

不動産取得税と固定資産税はともに地方税です。

税に関する分類記号としては，**345 租税**がありますが，ここには国税を分類し，地方税は **349 地方財政**の **.5 地方税．地方交付税**に分類しますので，課題の図書は 349.5 とします。このように，○○税という主題のときには，それが国税なのか地方税なのかを確認する必要があります。

㉔ 新川敏光著『福祉国家変革の理路：労働・福祉・自由』（ミネルヴァ書房，2014）

> 本書は，福祉国家の実証研究をベースとしながら，理論研究や歴史研究の成果を取り入れ，福祉国家という政治経済システムの存立構造，変容，超克の論理をトータルに把握するものである。

社会福祉は **369 社会福祉**に分類するのですが，**364 社会保障**の注として「＊福祉国家論は，ここに収める」とありますので，福祉国家を主題とするものは **364 社会保障**に分類することになります。

㉕ 中村實枝編著『視覚障がいと点字の世界：心をつたえるコミュニケーション』（ふくろう出版，2008）

> 〈目次〉
> 第 1 章　視覚障がいとともに生きる
> 第 2 章　視覚障がい者の歴史と文化
> 第 3 章　視覚障がい者の移動と生活環境
> 第 4 章　視覚障がい者の教育と福祉
> 第 5 章　福祉機器とユニバーサルデザイン
> 第 6 章　盲導犬

> 第7章 点字の読み書き

369 社会福祉の下に，**.25／.28 対象別福祉**として，**.25 女性福祉**，**.26 老人福祉**，**.27 障害者福祉**などの項目があります。ここは「福祉」を分類する区分なのですが，行政やサービスとしての福祉だけでなく，福祉を必要とする対象の人達に関するものもここに分類します。課題の図書は視覚障がい者をとりまく環境について論じたもので福祉だけに限定されませんが，障がい者としてまとめるために，**369.275 視覚障害者福祉**に分類します。

㉖ 和歌山県介護支援専門員協会編『ケアマネジャーのための困りごと相談ハンドブック』（新日本法規出版，2014）

> 「法令への対応」「ケアマネジメントプロセスの展開」「関係機関との連携」について，ケアマネジャーが判断に迷う様々な「困りごと」を取り上げ，具体的な対処方法やアドバイスを掲載しています。

　ケアマネジャー（介護支援専門員）が困ったときに役立つノウハウをまとめた本です。

　介護をする人についての本ですので，その介護の対象が限定されていればその対象の福祉として分類しますが，課題の図書は特に限定されていませんので，この本の対象読者であるケアマネージャーに分類します。福祉関係ですので **369 社会福祉**の下の **.17 福祉従事者**に分類します。

㉗ 下澤純子著『働く女性がしたたかにしなやかに生き抜く仕事術』（合同フォレスト，2014）

シングルマザー・資格なし・経験なしの工場パートから，ファイナンシャルプランナーへステップアップした極意，働く女性なら必ず抱える問題（家族の理解，職場の人間関係，セクハラ・パワハラ，仕事内容など）を，著者の実体験をもとに解決に導く実践書。

〈目次〉

第1章　女性が子どもを生んで再就職するとき（働くママさんたちに聞いた「なぜ働こうと思ったの？どうやって仕事を探すの？」；再就職したとき，どんな問題が待っていましたか？　ほか）

第2章　女性が働きやすい環境とは？（「カモネギ商法」！？；私流，生命保険営業のやり方　ほか）

第3章　私が転職したワケ！（「わけあり住宅」を買いました；こんな私が「先生」と呼ばれる立場へ　ほか）

第4章　働く女性につきもの–セクハラ，パワハラ（セクハラって何でしょう：職場の制度の理不尽な悪用　ほか）

第5章　何のために働くの？（小学校でかかるお金；中学校でかかるお金　ほか）

　働く女性について論じた本です。タイトルからは女性と仕事術という二つのキーワードが考えられますが，どちらがメインになるでしょうか。

　女性問題一般については **367 家族問題．男性・女性問題．老人問題**の下にある **.2 女性史・事情**に分類しますが，「仕事術」に限定されていますので仕事の方に分類するのがよいと考えられます。

　しかし NDC には，仕事のしかたという項目はありません。事務職であれば **336 経営管理**の下の **.5 事務管理**，営業であれば **673 商**

業経営. 商店の下の .3 販売. 販売管理. 販売促進. セールスマンシップに分類できますが，仕事一般のやり方というものはありません。このように，主題が漠然としていてNDCに項目がない場合には，他に具体的な主題があればそちらに分類します。課題の図書の場合はもう一つの主題である女性労働者に分類することになります。

　女性労働者としては，**366.38 労働者の保護：女性労働**（9版では「婦人労働」），**年少労働**があります。これは **366.3 労働条件. 労働者の保護**の下位に位置している上，項目名が「労働者の保護」ですので，本来は労働時間や労働環境において保護する対象としての女性労働を分類するべき項目だと思います。しかし，「婦人労働（女性労働）」という語に引っ張られて，キャリアウーマンなど女性労働者一般についてもここ **366.38 労働者の保護：女性労働，年少労働**に分類することが多いようです。

㉘　田島修ほか著『はじめての人でもやさしくわかる「給与計算事務」Q&A』（セルバ出版，2011）

> はじめての人でも間違いなく給与計算事務ができる本。給与計算のもとになる出勤簿や賃金台帳の準備から各種保険料の徴収・納付，労働時間や割増賃金の計算のしかたなどを事務の流れに沿ってやさしくわかりやすく解説。労働基準法や社会保険など，給与計算事務に必要な知識はすべて織り込んでおり，関連する事務がわかる。

　給与に関係のありそうな分類記号としては，**336 経営管理**の下の **.45 賃金管理. 職能給. 成果配分**と，**366 労働経済. 労働問題**の下にある，**.4 賃金**とがあります。これらの使い分けはどのようにすればよいのでしょう。

336 経営管理のところには「＊会社実務は，ここに収める」とあります。この下の **.4 人事管理**の下には，

.42　雇用. 退職. 定年制. 中高年問題
.43　職務評価. 人事考課
.44　就業規則. 労働時間. 時間外勤務
.45　賃金管理. 職務給. 成果配分
.46　労使関係

があります。また，この前後には，**.3 経営組織. 管理組織**，**.5 事務管理**などがあります。

他方，366 は労働経済であり，その下の **.4 賃金**の下には，

.42　賃金体系・形態
.44　最低賃金制
.45　手当. 賞与
.46　退職金. 企業年金. 定年制［停年制］

があります。また，前後を見てみますと，**.3 労働条件**，**.32 労働時間**，**.33 就業規則**，**.5 労使関係**，**.6 労働組合**などがあります。

　これらを見比べると，**336 経営管理**のところに分類するのは会社が支払うものとしての賃金であり，**366 労働経済**のところには，一般的な制度としての賃金を分類するのであると考えられます。したがって，課題のような給与計算の実務は **336 経営管理**の下の **336.4 賃金**に分類することになります。

　同様に，賃金の実態調査やどのような賃金体系があるかについて

は366.4に，会社の経営として賃金をどのように支払うのか，また賃金体系をどのように整備するのかについては336.4に分類するのがよいと考えられます。

㉙ 川上光彦編著『地方都市の再生戦略』（学芸出版社，2013）

> 活力を維持しながら，持続的な安定を保ちつつ，次世代に豊かな地方都市を引き継ぐための戦略とは。制度改革，中心市街地と郊外市街地の再生，都市交通戦略，住宅福祉政策，景観・歴史保全，市民参加，スモールビジネスによるまちづくりなど，多様な課題とその解決策を明らかにする。

　都市に関する分類記号として，**318.7 都市問題. 都市政策**と**361.78 都市**（都市社会学）と**518.8 都市計画**があります。これらの使い分けは難しいものが多いのですが，**318.7 都市問題. 都市政策**は**318 地方自治. 地方行政**の下にありますので，行政に関わる問題や政策を分類します。**361.78 都市**は**361 社会学**の下ですので，都市に住んでいる人や都市にいる人たちを社会学的に扱ったものを分類します。**518.8 都市計画**は**51 建設工学. 土木工学**の下ですので，都市の設計や計画など，工学的に論じたものを分類するのが基本です。とはいえ，これらは密接に関連することも多く，いずれに分類するか迷うことが多い分野です。

　課題の図書も，制度改革や住宅福祉政策などの政策や，都市交通や景観といった工学的側面が扱われていますので，**318.7 都市問題. 都市政策**と**518.8 都市計画**とで迷うところですが，どちらかというと政策的な側面が強いように思われますので**318.7 都市問題. 都市政策**に分類します。

4．3類 ｜ *209*

㉚ 神原文子ほか編著『よくわかる現代家族』（ミネルヴァ書房，
　2009）

〈目次〉
第1部　家族ってなんだろう（家族？；家族のイメージと実像）
第2部　歴史のなかの家族（近代につくられた家族；近代から現代家族
　へ）
第3部　家族の相対化（いま，子どもであること；夫になること，妻に
　なること；夫であること，妻であること；父になること，母になるこ
　と；父であること，母であること；家族であること，ひとりになるこ
　と；現在の家族制度）
第4部　家族の開放化（社会が排除している家族；家族が抑圧している
　個人；開かれた家族）

　「家族」に関するおもな項目として，**361.63 血縁集団．家族**と
367.3 家．家族関係の二つがあります。いずれも **36 社会**の下にあ
るのですが，361 は社会学で，367 は家族問題．男性・女性問題．
老人問題という違いがあります。**361 社会学**の方が家族というもの
一般や社会における家族を対象とするのに対して，**367 家族問題**は
家族の内部の「問題」，つまり一般的に社会問題とされるもののうち，
家族に関する問題を扱ったものを分類します。

　課題の図書は現代における家族一般について論じていますので，
361.63 血縁集団．家族に分類します。

㉛ 森田道源著『「家族」・「愛」と「憎しみ」の構図』（ライフ・ク
　オリティ社，1998）

本書は「家族の絆」の本当の意味や親の愛の深さを解説する一方で，

210 | Ⅱ部　3章　応用例題と解説

「父の壁と息子の苦悩」「母の呪縛と娘の混乱」「兄弟間の冷戦」等これ
まで知られていない家族間の心理的葛藤を対置させるなどして家族の全
貌を明らかにしている。また，大人社会と子供社会の深い関係性にも言
及し，最近頻発している「肉親殺害」や「子どもの荒れ」の起こるメカ
ニズムも理解できるように配慮されている。

　こちらは家族の成員の間における関係とそれが抱える問題点を論
じていますので，**367 家族問題．男性・女性問題．老人問題**の下に
ある **367.3 家．家族関係**がよいでしょう。

㉜　ジャン＝ロベール・ピット著『ワインの世界史：海を渡ったワ
　　インの秘密』（原書房，2012）

文化や宗教とともにひろがるワインの多様な歴史を描く。ワイン好きの
明治天皇など，豊富なエピソードを収載。
〈目次〉
第1章　ワインの聖なる起源
第2章　一神教ユダヤ教のもっとも忠実な友
第3章　そしてワインは神となる
第4章　唯一神の血
第5章　絹の道，ワインの袋小路
第6章　イスラムにおける禁じられた歓び
第7章　キリスト教とローマの拡大の跡をたどって
第8章　贅沢，静寂，快楽
第9章　世界に向かって
第10章　テロワールの未来
結論　ワインを飲む幸せ

ワインに関する分類記号としては，**383 衣食住の習俗**の下の **.885 飲酒史**，**588 食品工業**の下の **.55 果実酒**，**596 食品．料理**の下の **.7 飲料**が考えられます。おおまかに言って，習俗としてのワインは383.885 に，製造するものとしては 588.55 に，飲み方やワインそのものとしては 596.7 のところに分類するのがよいと考えられます。

　課題の図書は，ワインがどのように広まったかという社会的側面を論じたものですので，**383.885 飲酒史**に分類します。

㉝ 池上正治著『龍と人の文化史百科』(原書房，2012)

> 六千年の中国歴史に寄り添う龍の影，日本人の心に根ざす龍，東洋のナーガや欧米のドラゴン，南米のククルカンなどとの相違……，実地踏査の臨場感も豊に，貴重な図版と共に縦横に語る龍のすべて。

　NDC には竜という分類項目はありません。動物ではありますが，想像上の動物ですので，**48 動物**のところに分類するのは不適切です。索引を引くと「竜(民俗) 388」とあるように，竜のような想像上・伝説上の生き物や場所は **388 伝説．民話**に分類します。項目名が「伝説．民話」となっていますので，物語だけを分類する項目のように思えますが，伝説に登場する物や場所についてもここに分類します。これは「Ⅰ部 3 章 7．○○そのものと○○について」で述べたように，「伝説そのもの」と「伝説について」をともに **388 伝説．民話**に分類するのだと考えればよいでしょう。

㉞ 永山久夫著『和食ことわざ事典』(東京堂出版，2014)

> 日本には健康の維持，病気の予防・治療に効果ある食べ方や食材の選択

212 | Ⅱ部　3章　応用例題と解説

法を端的に表した数多くのことわざや言い回しがある。古代から明治時代までの食事復元の第一人者が，長年にわたって全国を回り取材を重ねて書き綴った，和食のおいしさと健康長寿の知恵が満載。食材ごとに分類されており，探しやすく非常に便利。

　ことわざは **388 伝説．民話**の下の **388.8 ことわざ**に分類します。しかしここの注に「＊特定主題に関することわざは，各主題の下に収める」とあります。課題の図書は和食という特定主題に関することわざの本ですから，和食として分類することになります。和食というと **596.21 日本料理**があるのですが，これは **596 食品．料理**の下の **.2 様式別による料理法．献立**の下にあるものですから，課題のように伝統的・歴史的なことわざの分類としては少し違うように思えます（もちろん調理法のことわざだけを集めたものであればここに分類できます）。伝統的な食文化としては **383 衣食住の習俗**の下に **.8 飲食史**がありますので，これに地理区分の **−1 日本**を付加して 383.81 がよいでしょう。

5．4類

① 日本数学検定協会著『数学検定新過去問題集』（日本数学検定協会，2010)

　数学検定の過去問を集めた問題集です。
　数学は 41 です。さらに検定試験の問題集ですので，形式区分の **−079 入学・検定・資格試験の案内・問題集・受験参考書**を付加して 410.79 としたいところです。しかし，本表の 410 のところを確認す

ると，410.79 としてすでに「数学遊戯．魔方陣」とあり，これと抵触してしまいます。したがって，410.7 までとします。

② チャールズ・ウィーラン著『統計学をまる裸にする：データはもう怖くない』（日本経済新聞出版社，2014）

記述統計，相関，確率，中心極限定理，推定，世論調査，回帰分析，プログラム評価——統計学の基本的なテーマについて，その勘所がわかる「オモシロ統計読本」です！

「統計学」としては，**35 統計**の下に **.1 統計理論．統計学．製表**があるのですが，**417 確率論．数理統計学**の注に「＊近代統計学は，ここに収める」とあります。現代の統計学は基本的に数理統計学ですので，単に統計学が主題のものは **417 数理統計学**に分類すると考えてほぼ間違いありません。

また，『確率・統計学入門』のように「確率」と「統計学」とをともに論じている本も多いのですが，この場合は下位の概念である**417.1 確率論**と上位の概念である **417 確率論．数理統計学**とをともに論じていますので，上位の概念である **417 確率論．数理統計学**に分類します（Ⅱ部 1 章 4．複数主題参照）。

③ 齋藤勝裕ほか著『化学版これを英語で言えますか？』（講談社，2013）

英語の本なのですが，化学の分野に限られています。**83 英語**のところには，「＊特定分野における英語研究は，各主題の下に収める　例：430.7 化学英語」とありますので，**83 英語**ではなく 430.7

214 | Ⅱ部　3章　応用例題と解説

に分類します。本表に 430.7 という記号はありませんが，これは **43 化学**に形式区分の **-07 研究法．指導法．教育**を付加したもので，その他の言語についても，その分野＋07 に分類します。

④　千田稔著『地球儀の社会史：愛しくも，物憂げな球体』（ナカニシヤ出版，2005）

> 時代とともに，実在する地球の陸地と海の形を，地球儀が可能なかぎり正しく表現していくというプロセスは，生命をかけた航海や探検によって「われらの地球」の自画像を描いていく作業であった……。地球儀の新しい物語。

　NDC 本表の項目としては「地球儀」というものはありません。ではどこに分類すればよいのでしょうか。**45 地球科学．地学**でしょうか，それとも地図と同じく **29 地理**のところでしょうか。索引を引くと，「地球儀　448.07」と明示されています。これは，**448 地球．天文地理学**に形式区分の **-07 研究法．指導法．教育**を付加したものと考えられますが，地球儀は研究法でも指導法でもありませんし，必ずしも教育的に使用されるものでもありません。ですから，索引を引かないで 448.07 という分類記号を得ることはまず不可能でしょう。本表だけを見て考えてもどこに分類してよいかわからないけれども，索引を引けばすぐに分類できるよい例です。

⑤　倉嶋厚監修『雨のことば辞典』（講談社，2000）

> 季語から気象用語，各地の方言まで，雨にまつわる言葉だけを約 1200 語集めた辞典。花時雨，狐の嫁入り，半夏雨，秋霖，氷雨……。日本の

> 雨は四季のうつろいとともにその様相が千変万化する。そのさまざまな
> 雨の姿をとらえ，日本語には，陰翳深くうつくしいことばが数多くある。
> 雨は文学作品にもたびたび描かれ，詩歌にもよまれてきた。これらの
> 「雨」をあらわすことば，「雨」にまつわることばを集めた辞典。

　雨に関することばを集めた辞典です。ことばの辞典なので **8 言語**に分類するか，あるいは雨に分類するかのどちらかになると考えられます。雨に関する事典は **451 気象学**の下の **451.64 雨**に分類することになりますが，雨に関する語彙については明確な規定はありません。しかし「季語から気象用語，各地の方言まで」と幅広く雨に関する語彙を集めたものですので，やはり雨として分類するのがよいでしょう。そして五十音順に並んでいますので形式区分の **−033 辞典．事典**が付加できます。その場合は，**451.64 雨**＋**033 辞典**→451.64033 となります。

⑥　三隅良平著『気象災害を科学する』（ベレ出版，2014）

> これまでに経験したことのないような大雨，近年にない大雪，観測史上
> 最大規模の台風，甚大な被害をもたらす河川の氾濫や土砂災害。事例を
> ふまえて，激しい気象や気象災害はどういうメカニズムで発生するのか，
> 予測はどこまでできるのかを解説。命を守るために私たちがするべきこ
> と・考えておくべきことも紹介。

　気象災害が主題であろうと考えて，索引で「気象災害」を引くと451.98 となっています。そこで本表を確認すると，**451 気象学**の下の **.98 気象災害誌**であることがわかります。つまり，NDC には「気象災害」という項目はなく，**451.98 気象災害誌**のところに分類す

216 | Ⅱ部　3章　応用例題と解説

るのです。これも索引を引くのが手っ取り早い例といえるでしょう。

⑦ 伊藤政博ほか著『極限環境生命：生命の起源を考え，その多様性に学ぶ』（コロナ社，2014）

〈目次〉
◦ 環境と微生物—極限環境微生物とは
◦ 好熱性微生物
◦ 好冷性微生物
◦ 好アルカリ性微生物
◦ 好酸性微生物
◦ 好塩性微生物
◦ 好圧性微生物
◦ メタン生成古細菌
◦ 有機溶媒耐性微生物
◦ 難分解性有機物分解微生物（含む環境浄化）
◦ 放射線耐性微生物
◦ 乾燥耐性生物
◦ 深海生物
◦ 地球外生命

　極限的な環境にある生物を紹介している本です。目次を見るとわかるように，微生物がほとんどです。ですから，複数主題のうち，おもな主題として微生物に分類することも可能なように思えますが，この本はあくまでも極限環境生命について論じているのであって，その中に微生物が多いというに過ぎません。ですから，微生物ではなく極限環境生命として分類するべきです。しかし，NDCには極限環境生命という項目はありませんから，どこか適切な記号を考え

5．4類 | *217*

なければなりません。

　タイトルには生命という語が使用されていますが，目次から明らかなように生物について論じています。そして特定の生物に限定されていませんから**46 生物学**のどこかであろうと見当を付けてその下を見ていくと，**468 生態学**のところに**.3 生物の適応**という項目があります。極限環境にある生物がどのように生きているか，という内容を分類するのにここがふさわしいと考えられますので，**468.3 生物の適応**に分類します。

⑧　安藤英次ほか著『図解頭部・頸部撮影法』（オーム社，2010）

> 頭部・頸部撮影において，初心者が知りたい X 線撮影のポジショニングを，イラストや写真を多数用いて詳細に解説している。また，ポジショニングの基礎になる画像解剖に関しても丁寧に解説してある。
> 〈目次〉
> 1　頭部の基準線および基準点
> 2　基礎解剖
> 3　頭蓋骨撮影法
> 4　顔面骨撮影法
> 5　下顎骨撮影法
> 6　聴器撮影法
> 7　特殊撮影法
> 8　頸部撮影法

　頭部と頸部の X 線撮影の方法を解説しています。X 線撮影は，**492 臨床医学．診断・治療**の下の **.4 放射線医学**の下の **.432／.438 各器官の造影法**に分類します。ここには「＊491.12／.18 のように区分　例：492.4345 胃のレントゲン診断」とありますので，491.12

／.18 のところを見て各器官の記号を持ってきます。これは **491 基礎医学**の下の **.1 解剖学**の下にある〈**.12／.18 臓器別**〉にある臓器の記号で，ここにある .1 より右にある記号を 492.43 の次に続けます。課題の頭部は **.16 骨格．骨学．運動器官**の下に **.162 頭蓋骨．顔面骨**がありますので，これの .1 より右にある 62 を 492.43 に続けて，492.4362 とします。

　同様の記号の合成は **491.22／.28 器官発生**にもあるのですが，少しわかりにくいので，あらかじめ 491.12／.18 のところをコピーして .1 より右側の部分にマーカーを引くなどして自分用の補助表を作成しておくと作業がしやすくなります。

⑨ 落合栄一郎著『放射能と人体：細胞・分子レベルからみた放射線被曝』（講談社，2014）

瞬時に高線量の放射線を浴びれば即死する。では，低線量でも長期にわたって被曝したら……？　被曝から約 70 年を経た現在も，臓器内部から放射線が出続けているという。細菌やウイルス，化学物質に対して免疫システムや解毒作用を備える人体だが，放射能にはどれだけ耐えられるのか。原爆や原発事故，劣化ウラン弾による被曝の調査報告をもとに，放射線の生体への影響を科学的観点から詳細に検証する。

〈目次〉

第 1 部　放射能とは何か？（放射能はなぜ怖いのか）

第 2 部　放射線とその生体への影響に関する原理（原子力，放射線，化合物；生物は化学世界に生きている──化学物質は生体系でどうふるまうか；放射線と化学世界の相互作用；放射線は生命にどう影響するかほか）

第 3 部　放射能は健康にどう影響するか（広島・長崎の原爆についての

> データ：原水爆実験，スリーマイル島事故と正常運転時の原発；チェ
> ルノブイリ原発事故；福島第一原発事故　ほか）

　放射能が人体に与える影響について論じています。影響関係にあ
る二つの主題は影響を受けた方に分類しますので，人体の方に分類
します。人体といっても幅広い概念ですが，放射能については**493
内科学**の下に**.195 放射線障害**というのがありますのでここに分類
します。なお，ここには**539.68 放射線障害と防御．放射線の損傷**
への「をも見よ参照」がありますが，これは**539 原子力工学**の下
位であり，工学的なものを分類するところですので，課題の図書の
ように人体への影響を論じたものは**493 内科学**の下にある**493.195
放射線障害**に分類します。

⑩ 小林亜津子著『生殖医療はヒトを幸せにするのか：生命倫理か
　ら考える』（光文社，2014）

> 不妊の補助的な医療として始まった生殖補助医療＝ART。その技術が，
> 生命操作にまで介入しようとしている。これは，子孫繁栄という人類普
> 遍のニーズに応える福音か。それとも，不自然な欲望を掻き立て，新た
> な苦悩を与えるモラル・ジレンマの始まりなのだろうか――。生命倫理
> の視点から，私たちの人間観や家族観，親子関係に与える影響を考える。
> 〈目次〉
> 序章　倫理の追いつかない生殖技術
> 第1章　生物学的時計を止める―卵子凍結で，ライフプランを意のまま
> 　　に？
> 第2章　王子様は，もう待たない？―精子バンクと選択的シングルマザ
> 　　ー

第3章　自分の「半分」を知りたい！—生殖ビジネスで生まれた子どもたち

第4章　遺伝子を選べる時代は幸せか？—遺伝子解析技術と着床前診断

第5章　生みの親か，遺伝上の親か—体外受精と代理母出産

第6章　「ママたち」と精子ドナー—多様な夫婦と新しい「家族」

「生殖医療はヒトを幸せにするのか」というタイトルは，生殖医療がヒト（の幸せ）に影響を与える，という構造になっています。本来は影響関係のある二つの概念は影響を受ける方に分類するのですが，課題の図書では影響を与える方が生殖医療という具体的なものであるのに対して，受ける方はヒトの幸せという漠然とした概念になっています。このような場合は，より具体的な「生殖医療」の方に分類します。

タイトル関連情報として「生命倫理から考える」とあり，生命倫理の分野であることがわかります。このような場合，生命倫理を論じるための材料として生殖医療を扱っているのであれば生命倫理に分類しますが，課題の図書では生殖医療を論じる視点として生命倫理がありますので，この本の主題としては生殖医療がよいと考えられます。

生殖医療は基本的には不妊の治療ですので，**495 婦人科学．産科学**の下の**.48 機能障害：不妊症，人工避妊，人工受精**がよいでしょう。

5．4類 | *221*

⑪ 大田健次郎著『マインドフルネス入門：不安，ストレスが消え
る心の鍛え方』(清流出版，2014)

最新の心理療法，マインドフルネスであなたは変わる！ 誰にでもでき
る，心の筋トレ──呼吸法，瞑想法をわかりやすく解説。自分を好きに
なるためのチェックシート付き。

　ストレスをはじめとする心の問題に関する分類記号としては以下
の候補が考えられます。

　146.8　カウンセリング．精神療法
　493.49　内分泌疾患．適応症候群（索引より，ストレスはここに
　分類します）
　493.7　神経科学．精神医学
　498.39　　精神衛生

　このように，複数の候補があって，どれに分類してよいか迷う場
合には，それぞれの記号の上位を見て，それらがどの分野に位置し
ているかを確認します。

　146.8　カウンセリング．精神療法　←146　臨床心理学
　493.49　内分泌疾患．適応症候群　　←493　内科学
　493.7　神経科学．精神医学　　　　←493　内科学
　498.39　　精神衛生　　　　　　　　←498.3　個人衛生．健康法

　課題の図書は，臨床心理学や内科学の問題ではなく，個人が自分
の精神的健康のために実践する呼吸法や瞑想法の解説書です。した

がって，**498 衛生学．公衆衛生．予防医学**の下の **498.3 個人衛生．健康法**の下にある **498.39 精神衛生**が適切であると考えられます。

⑫ 木村繁著『医者からもらった薬がわかる本』（カシス，2003）

　タイトルどおり，医者に処方された薬を解説している本です。

　薬については **499 薬学**という項目が立てられています。

　特に「特定疾患の薬品はその疾患に収める」のような注はないのですが，NDC の基本的な考え方として具体的な方に分類しますので，特定疾患の薬品はその疾患に分類するものと考えられます。例えば，**492 臨床医学．診断・治療**には，**.3 化学療法．薬物療法**があるのですが，その 492 の注として「＊各科，各疾患の診断・治療は，493／497 に収める」とあり，各疾患の薬物療法はそれぞれの疾患のところに分類します。これと同様に，各疾患の薬品もそれぞれの疾患のところに分類するのだと考えられます。

　しかし，課題の図書は特定の疾患に関するものではありませんので，各疾患ではなく **499 薬学**の下を見ていきますと，**.1 医薬品**というのがありますので，この **499.1 医薬品**に分類します。

6．5 類

① 末吉瓦著『商標法』（中央経済社，2014）

　商標法は六法ではありませんので，**32 法律**のところではなく，各主題である商標のところに分類します。索引には「商標法」という項目はありませんので，「商標の法律」と考えて「商標」を見る

と 507.26 とあります。これを本表で確認すると，**507.2 産業財産権**（9 版では工業所有権）の下の **.26 商標**であり，ここでよさそうなので，**507.26 商標**とします。

② 江守正多ほか編著『地球温暖化はどれくらい「怖い」か？：温暖化リスクの全体像を探る』（技術評論社，2012）

時にセンセーショナルな語られ方をしてしまう「地球温暖化」という問題。そもそも地球温暖化とはどれくらい「怖い」ことなのか？　地球温暖化によって世界，そして自分自身にどういう影響があるのか。第一線の研究者たちが，気候，陸や海の生物，水資源，農業，沿岸域，人間の健康問題，その他の各視点から，良い影響も悪い影響もまんべんなく情報提供した。

〈目次〉
序章　なぜ地球温暖化の影響の「全体像」を知るべきか
第1章　気候への影響
第2章　陸上の生物への影響
第3章　海の生物への影響
第4章　水への影響
第5章　農業への影響
第6章　沿岸域への影響
第7章　健康への影響
第8章　その他の影響
終章　温暖化影響の全体像をどう見るか

　温暖化の影響が主題ですから，影響を受けた方に分類するのが原則です。しかし，目次を見ると影響を受けるのは，気候や生物，水など広範囲に渡っています。このような場合は影響を与えた方，つ

224 | Ⅱ部　3章　応用例題と解説

まり温暖化に分類します。

　そこで，温暖化の分類を考えて見ましょう。「温暖化」を索引で引くと，451.85 となっています。これを本表で確認すると，**451.85 気候変化．気候変動：温暖化，温室現象**とあります。

　10 版では本表の **451.85 気候変化．気候変動：温暖化，温室現象**の注として，「＊地球温暖化のメカニズムはここに収め，温暖化の環境に及ぼす影響や温暖化対策は，519 の下に収める」が追加されました。そこで 519 のところを見てみると，519 は環境工学．公害であることがわかります。その下に細分できるところがないか見てみると，**.3 大気汚染**がありますが，これは温暖化の原因ですので，温暖化の環境への影響とは合わないように思われます。したがって，ここまで細分せずに，**519 環境工学．公害**に分類します。

③『心地のいい家をつくるアイデア 213：1000 万円台から実現！』
　（エクスナレッジ，2014）

　住宅建築に関するアイデアを紹介している本です。

　521／523 様式別の建築の **521 日本の建築**の下に **521.85 住宅建築**があるので，現代の日本の住宅もここに分類するかのように思えるかも知れません。しかし，**521 日本の建築**の **.6 近代**のところの注に「＊日本の洋風建築史→523.1」とありますので，521 には日本的な（和風の）造造物を分類することがわかります。そして，参照先の **523.1** は **523 西洋の建築．その他の様式の建築**の下の地理区分（**-1 日本**）ですので，現代日本の住宅建築（洋風建築）も 523.1 でよさそうですが，じつはここには歴史的な建築を分類し，現代の建築物は，住宅建築は **527 住宅建築**に，それ以外の建築物は **526 各**

6．5類 | *225*

種の建築の下に綱目表に準じて細分します（綱目表は第 2 次区分ですので，526. 以下は二桁ということになります）。したがって，現代の住宅建築について論じた課題の図書は **527 住宅建築** に分類することになります。

④ 川辺謙一著『図解・地下鉄の科学：トンネル構造から車両のしくみまで』（講談社，2011）

> 地下道やライフラインが複雑に絡み合う地下空間。地下鉄はそれらをくぐり抜けながら，残された場所を探すように，急勾配やカーブを繰り返しながら走っていく。その姿はまるで大都会のジェットコースター。トンネル建設には土木技術の粋が集められ，車両や軌道にも工夫が凝らされている。一般にはあまり知られていない地下鉄の高度な技術を豊富な図解を用いて解説する。

　鉄道に関する分類記号として，10 版では **516 鉄道工学**，**536 運輸工学．車両．運搬機械**，**686 鉄道運輸** の三つが考えられます。これらはどう使い分ければよいのでしょう。

　まず，5 類と 6 類の違いがあります。**5 技術** と **6 産業** です。したがって，**516 鉄道工学** と **536 運輸工学．車両．運搬機械** は技術に関するものを分類するところで，**686 鉄道運輸** は産業に関するものであり，**68 運輸．交通** の下ですから輸送する側面を分類する記号であると考えられます。さらに，**516 鉄道工学** には線路や駅など土木工事が必要なものや鉄道の設備に関するものが項目として挙げられていて，他方 **536 運輸工学．車両．運搬機械** の方には車両など，516 の上で走る部分が挙げられています。

　地下鉄としては，**516 鉄道工学** の，**.7 高速鉄道** の下に **.72 地下鉄**

道があり，地下鉄全般に関するものはここに分類します。課題の図書は，トンネル構造から車両のしくみまでの地下鉄の高度な技術を科学的に解説したものですので，おもに技術・工学的側面を扱ったものと考えられます。したがって，**516.72 地下鉄道**でよいと考えられます。

なお，9版には**546 電気鉄道**という項目がありました。文字どおりに，**54 電気工学**の下に電気鉄道が位置づけられていたわけです。10版では**516 鉄道工学**，**536 運輸工学．車両．運搬機械**，**686 鉄道運輸**に振り分けられましたが，9版で分類する場合は，電気鉄道に関するもので546の各項目に該当するものは546の下に分類することになります（課題の図書は地下鉄全般ですので9版でも**516.72 地下鉄道**に分類します）。

⑤ 金子元昭著『日本の地下鉄・車両めぐり：都市交通を担うメトロの車両たち』（交通新聞社，2007）

> 地下鉄が走り出して80年（2007年）。写真で見る日本の地下鉄車両史。北は札幌から南は福岡の9都市10地下鉄事業者の路線を走る車両を掲載。本書は日本の地下鉄車両の変遷を知る貴重な記録誌。

今度は地下鉄の車両についてです。

課題の図書は地下鉄の中でも車両に限定されています。このような場合は，地下鉄の下に位置すると考えることもできますし，車両として分類することも可能ですが，対象が地下鉄に限定されているとはいえ，車両としては一般の鉄道のものと大きく異なるものではありませんので，車両として扱うのが妥当であると考えられます。

その車両の分類ですが，**536 運輸工学．車両．運搬機械**の下に **.4**

客貨車がありますので，**536.4** に分類します。

　なお，9 版の場合は，客貨車に限定されていれば 536.4，そうではなく鉄道車両全般は **546.5 電気車．電動車と付属車**に分類します。したがって，課題の図書は 546.5 に分類することになります。

⑥ 神崎洋治ほか著『体系的に学ぶデジタルカメラのしくみ』（日経BP 社，2013）

> 撮影のしくみから，構造，撮像素子，レンズまで，デジタルカメラのすべてがわかる 1 冊！

　デジタルカメラのしくみについて解説している本です。

　「体系的に学ぶ」のような，本としての記述の仕方や論じ方については NDC の分類記号には反映されません。したがって，課題の図書の主題はカメラのしくみということになります。

　カメラに関する分類としては，**535 精密機器．光学機器**の下に**.85 カメラ［写真機］．プロジェクター［映写機］**があります。また，**742 写真器械・材料**の下にも **.5 カメラ［写真機］**があり，10 版では **.52 デジタルカメラ**が追加されました。

　いつものように，これらの使い分け方を考えるために，全体の体系の中での記号の位置づけを見てみましょう。

　まず，535 の方は，

5　技術

53　　機械工学

535　　精密機器．光学機器

535.85　　　カメラ［写真機］．プロジェクター［映写機］

228 | Ⅱ部　3章　応用例題と解説

であり，742の方は，

7　芸術
74　　写真
742　　　写真器械・材料
742.5　　　カメラ［写真機］
742.52　　　　デジタルカメラ

です。

　したがって，535.85は工学的な，機械としてのカメラであり，他方742.5は芸術作品を生み出す道具としてのカメラであると考えられます（742.5の注として「＊カメラの使い方は，ここに収める」とあるのはそのためです）。

　課題の図書は，芸術作品を生み出すものとしてのカメラではなく，機械としてのカメラですから，**535.85 カメラ［写真機］**に分類します（ここにはデジタルとアナログ（フィルム式）の区別はありません）。

⑦　杉崎行恭文・写真『駅舎：歴史・美術ガイド』（みずうみ書房，1988）

> 風雪に耐えてたたずむ北国の駅，雑踏がこだまする都会の駅，人びとの出会いと別れをみつめ，町の盛衰とともに歩んだ，日本各地の駅舎の歴史と風情を探訪する。

　駅の分類記号としては**686 鉄道運輸**の下に**.53 駅．駅名．駅勢**がありますが，建築物としては**526 各種の建築**の下に綱目表に準じ

6．5類 | *229*

て区分します。課題の図書はどちらともいい切れませんが，建築物としての駅というより，鉄道の中の駅と考えて **686.53 駅． 駅名.
駅勢**がよいのではないかと思われます。もちろん，駅の設計であれば **526 建築**の下に綱目表の **68 運輸**を付加して 526.68 に分類します。

⑧ 伊藤尚未著『世界一簡単な抵抗・コンデンサー・コイルのきほ
 ん：ゼロから理解する』（誠文堂新光社，2008）

〈目次〉
◦ 抵抗の話（抵抗器ってなんだ？：無駄な抵抗はやめて出てきなさい。
 ほか）
◦ コンデンサーの話（コンデンサーってなんだ？：電気をためるってど
 ういうこと？　ほか）
◦ コイルの話（コイルってなんだ？：コイルはどんな形をしているの？
 ほか）
◦ 電子工作の準備（電子部品の保存方法：SI 接頭語について　ほか）
◦ 作ってみましょう！（スピーカーをつくろう；鉛筆サウンダー　ほか）

　タイトルにある抵抗は，コンデンサーやコイルと並んでいることからもわかるように抵抗器のことです。つまり，抵抗器，コンデンサー，コイルの三つの電子部品を扱っています。三つ以内の主題を扱っている場合は最初のもので分類しますので，抵抗器として分類することになります。
　NDC には電子部品という項目はありませんので「抵抗器」で索引を引くと，

　抵抗器（通信工学）547.36

230 | Ⅱ部　3章　応用例題と解説

（電気工学）542.9

とあります。

　本表の 547.36 を確認すると，**547 通信工学．電気通信**の下の **.3 通信機器．電気音響工学．通信材料・部品**の下の **.36 回路部品**として，「コイル，変成器，コンデンサー，抵抗器，プリント回路［印刷回路］，振動素子」とあり，課題の図書の主題である抵抗器，コンデンサ，コイルがすべてここにありますのでここでよさそうにも思えますが，ここはあくまでも通信工学のところです。抵抗器やコンデンサやコイルが，一般的に通信部品として存在するのであればここでもよいのですが，これらの部品はそうではなく，他のさまざまな機器に使用されています。もう一つの候補である電気工学はどうでしょう。542.9 というのは，**542 電気機器**の下の **.9 特殊機器．コンデンサー**で，例示として，開閉器，遮断器，継電器，静電機器がありますが，抵抗器は挙げられていません。しかし，一般的な部品としては **542 電気機器**の下の方が適切であると考えられますので，索引の指示に従って **542.9 特殊機器．コンデンサー**に分類します。

⑨　草野真一著『メールはなぜ届くのか：インターネットのしくみがよくわかる』（講談社，2014）

> 地球の裏側にいる相手にも瞬時に届くメール。送ってから届くまでの間，いったい何が行われているのだろうか。本書では，誰もが抱くこうした素朴な疑問を専門知識がなくてもわかるように平易に解説。メールが届くしくみを学びながら，インターネット上でのデータのやりとりが自然とわかるようになる。

〈目次〉

1章　メールでやり取りするのはデジタルデータだ（やり取りするのは
　すべて1と0；デジタルデータの特徴　ほか）

2章　メールやウェブページのデータが届くまでの流れ（データを人間
　に役立つ形で表示するために；ウェブページの閲覧における通信　ほ
　か）

3章　ウェブメールとウェブの変化（ウェブメールの利点と欠点，高機
　能化；ウェブから提供されるソフトウェア　ほか）

4章　データは実際どのように運ばれるのか？（データはパケットに分
　割される；「宛先」を決める仕組み〜IPアドレス〜　ほか）

5章　「メールの送受信」の背景にあるもの（インターネットの誕生；
　ネットワークの発達　ほか）

　インターネットに関しては，**007 情報科学**と**547 通信工学．電
気通信**とを使い分ける必要があります。

　課題の図書は，メールを通してインターネットのしくみを理解し
ようというものです。メールが届くのはまさにデータ通信の技術が
あるからで，これには**547.48 情報通信．データ通信．コンピュー
タネットワーク**という記号があてられています。そしてインターネ
ットですから**547.4833 公衆データ通信網．広域データ通信網．イ
ンターネット**まで細分できます。

　通信技術としてはインターネット（＝ネットワーク同士を繋いだ
ネットワーク）も単なるネットワークも同じものですが，メールは
インターネットの技術として扱われることが多いので，他のインタ
ーネット関連の図書とあわせて**547.4833 公衆データ通信網．広域
データ通信網．インターネット**にまとめた方がよいでしょう。

232 | Ⅱ部　3章　応用例題と解説

⑩　大和総研編『液化天然ガス：石油に代わる新世代エネルギー』
　（実業之日本社，1991）

　タイトルどおり，液化天然ガスについて論じた図書です。それで
は液化天然ガスの分類記号はどうなるでしょう。

　索引では，液化天然ガスとして 575.46 を参照しています。これ
を本表で確認すると，**575.46 オイルガス．液化石油ガス［LPG］．
LNG** とあり，液化天然ガスとは書いてありません。本当にここで
よいのでしょうか。

　液化天然ガスは英語では「Liquefied Natural Gas」といい，略し
て LNG と呼ばれています。この LNG が項目の中にありますので，
575.46 でよいと考えられます。「天然ガス」という語にまどわされ
て **575.59 天然ガス工業［メタンガス］** に分類しないように注意し
ましょう。

⑪　五十嵐享平著『人体特許：狙われる遺伝子情報』（PHP 研究所，
　2013）

　わずか 1 万円の遺伝子レベルの検査で，将来，自分がかかる病気がわか
るとしたら，あなたはどうしますか？　乳がんリスクのために，乳房を
二つとも切除したことを発表した女優のアンジェリーナ・ジョリーのニ
ュースは，遺伝子検査時代の到来を世界に知らしめた。子どもの知的能
力や芸術，運動能力を占う企業も上海に誕生した。ますます激化する遺
伝子ビジネスで，人体にかかわる物質すべてが特許戦争の波の中へ。
〈目次〉
第 1 章　数奇な「運命」にさらされた遺伝子
第 2 章　絶海の孤島からの「流転」

---

6 . 5 類 | 233

第3章　パンドラの箱
第4章　スニップ・レボリューション
第5章　乳がん遺伝子をめぐる攻防
第6章　人体特許はどこへ向かうのか？

　近年出版点数が増えている（と思われる）遺伝子の組み換えについては，**467 遺伝学**の下の **.21 分子遺伝学**の下の **.25 遺伝子組み換え**と **579 その他の化学工業**の下の **.9 生物工業［バイオテクノロジー］**の下の **.93 遺伝子操作技術の応用．遺伝子工学**を使い分ける必要があります。**467 遺伝学**は **46 生物学**の下ですから生物学的側面がある場合に使用し，**579 その他の化学工業**は **57 化学工業**の下ですから工業的な側面がある場合に使用します。課題の図書は，生物学として遺伝子を扱うというよりは，ビジネスとして，工業的な扱いであると考えて，**579.93 遺伝子操作技術の応用．遺伝子工学**がよいと考えられます。

⑫ ジェイムズ・バロン著『スタインウェイができるまで：あるピアノの伝記』（青土社，2009）

数々の有名ピアニストたちに愛され続け，「神々の楽器」とも賞賛されるスタインウェイピアノ。その歴史に新たに加わろうとする一台のコンサートグランドの製造過程から舞台デビューまでを，職人たちのこだわり，スタインウェイ社の成り立ちなどのエピソードを交え，臨場感たっぷりに描く迫真のドキュメント。

　索引について解説した際にも述べましたが，楽器としてのピアノと，製品としてのピアノとでは分類記号が異なります。

234 ｜ Ⅱ部 3章 応用例題と解説

　課題の図書は「一台のコンサートグランドの製造過程から舞台デビューまでを，……臨場感たっぷりに描く」とあり，製品としてのピアノであると考えられますので，**582 事務機器．家庭機器．楽器**の下の**.7 楽器．蓄音器**に分類します。

⑬　ジャスパー・モリス著『ブルゴーニュワイン大全』（白水社，2012）

〈目次〉
第1部　ブルゴーニュの背景（歴史的背景；ブルゴーニュワインの取引；地勢：テロワール，地質，土壌；気候：風，雨，雹，霜，そして日照；白ブドウ；赤ブドウ；ブドウ栽培　ほか）
第2部　畑と生産者（コート・ド・ニュイ；コート・ド・ボーヌ；大ブルゴーニュ圏）

　ブルゴーニュワインに関する本ですが，飲み物としてのワインではなく，生産物としてのワインです。この場合は，**58 製造工業**の下の**588 食品工業**の下の**.55 果実酒：ワイン，シャンパン，りんご酒**に分類しますので，588.55 とします。

⑭　下村道子著『和食の魚料理のおいしさを探る：科学で見る伝統的調理法』（成山堂書店，2014）

和食がユネスコ無形文化遺産に登録された。それには伝統的な魚食文化が大きく寄与している。魚の食べ方，それは生活の文化である。日本の食卓に伝えられてきた古人の知恵に潜む科学的根拠を明らかにする。

　和食における魚料理です。

6.5類　｜　*235*

　和食は **596 食品. 料理**の下の **.21 日本料理**で，魚料理は同じく **.35 魚介料理**になります。では課題の図書のように両方に関わる場合はどうすればよいのでしょう。和食「と」魚料理であれば，三つまでの複数主題として最初の和食で分類しますが，この本は和食でもあり魚料理でもあるので，両方の分野にまたがるものです。

　このような場合については9版までには規定がありませんでしたが，10版ではここに「＊様式と材料の両方にまたがる場合は，様式を優先して分類する」という注が追加され，**596.21 日本料理**として分類することがはっきりしました。

⑮ 竹村章子著『かんたん豆腐，大豆料理：からだにいいレシピが
　　盛りだくさん！』（ブティック社，2001）

　豆腐と大豆を使った料理の作り方です。
　料理は **59 家政学. 生活科学**の下の **596 食品. 料理**に分類します。
　ここには **.3 材料別による料理法：卵料理，漬物，嘗物**があるのですが，その下にさらに，**.33 肉料理，.35 魚介料理，.37 野菜料理，.38 麺類**があります（漬物や嘗物は材料別ではありませんが，ここでは深入りしません）。しかし，豆腐料理や大豆料理というのはありませんので，.3で止めて **596.3 材料別による料理法**に分類します。

⑯ 田崎真也著『うなぎでワインが飲めますか？：そば，てんぷら，
　　チョコレートまでのワイン相性術』（角川書店，2006）

　最近は寿司屋でも居酒屋でもうなぎ屋でも，気軽にワインを味わえるようになりました。また，家庭の食卓で鍋を囲んで飲んだり，キムチやお

236 | Ⅱ部　3章　応用例題と解説

しんこでもワインを愉しむ方が増えてます。「自由自在」に「自己流」にワインを味わうための，ちょっとしたワインと料理の相性術を伝授します。

　今度はワインの飲み方です。ワインがどのように飲まれているか，という内容であれば**383.885 飲酒史**というのも考えられますが，課題の図書のように，どのように飲んだらよいか，というものは**59 家政学. 生活科学**の下にある**596 食品. 料理**の下の**.7 飲料：酒，コーヒー，茶，カクテル**に分類します。

7．6類

① 高安雄一著『韓国における市場開放と農業構造改革：農地の経営規模拡大について』（日本評論社，2014）

農産物の市場開放に対応すべく韓国が推進してきた稲作農業の大規模化政策。
その進展の阻害要因を日本との比較をふまえて分析する。
〈目次〉
序章　問題関心と研究手法
第1章　市場開放下における構造改革の必要性と現状
第2章　農地制度と構造改革
第3章　大規模化政策と構造改革
第4章　農地の受け手と構造改革
第5章　農地の出し手と構造改革
終章　韓国農業における構造改革の阻害要因

　韓国の農業経済について論じています。

農業ですから**61 農業**の下を見ていくと，**611 農業経済・行政・経営**があり，その下に**.1 農業政策・行政・法令**がありますのでここでよさそうです。韓国の，という内容を分類記号に反映させたいところですが，611 の注として「＊一地域の農業経済・行政・経営も，ここに収める」とありますので，地域が韓国に限定されていてもこの**611.1 農業政策・行政・法令**に分類します。

② 青山隆著『豆腐入門』（日本食糧新聞社，2014）

〈目次〉
1　豆腐の伝来と普及
2　豆腐業界
3　原料大豆
4　豆腐の種類
5　豆腐の製造・製法および管理
6　豆腐製造の科学的管理
7　原材料・資材・機械
8　品質管理の実施
9　豆腐のおいしいレシピ
10　関連法規・団体，参考文献

　目次を見ると，9 章に調理法もありますが，全体としては製造物としての豆腐であると考えられます。製造物ですから**588 食品工業**というのも考えられるのですが，ここにはパンや酒はありますが豆腐はありません。豆腐は**61 農業**の下の**619 農産物製造・加工**の下にある**.6 大豆・豆類製品：納豆，豆腐，凍豆腐，湯葉**に分類します（加工食品の**588 食品工業**と**619 農産物製造・加工**との比較はⅠ部 4 章 6．5 類参照）。

238 | Ⅱ部 3章 応用例題と解説

③ 有岡利幸著『椿』（法政大学出版局，2014）

> 日本原産の椿は，意外にも平安時代までは花木として愛好されることは少なかった。ところが近世初期になると，本草書の刊行や栽培・育種技術の飛躍的発展によって空前の大ブームが起こり，今日に至るまで人びとは多種多様な花を愛でている。花の観賞の話をはじめ，椿油や木材，生垣や防風林としての利用，信仰や昔話，民俗まで網羅した，椿の大百科。

　椿について非常に幅広い観点から論じています。このような場合は最も基本的な側面と考えられる分野に分類します。椿は植物ですから **47 植物**の下にある **479 被子植物**の下の，**.91 ツツジ目**が該当します。

　しかし，課題の図書のように人間とかかわりの深い動植物については，**62 園芸**や **64 畜産業**など，**6 産業**の下に展開されています。例えば，犬は動物としては **489 哺乳類**の下の **.56 イヌ科**がありますが，ペットとしての犬は **64 畜産業**の下の **645 家畜．畜産動物．愛玩動物**の下の **.6 犬**に分類します。

　課題の図書の椿も人間との関わりという観点から扱っていますので，**62 園芸**のところに分類した方がよいと考えられます。62 のところには，**627 花卉園芸**の下に **.76 椿**がありますので，**627.76 椿**に分類します。

④ エリック・ジェイ・ドリン著『クジラとアメリカ：アメリカ捕鯨全史』（原書房，2014）

> 捕鯨なくしてアメリカはなかった。そして日本の開国もなかった──。

建国から独立，そして世界的大国になるまで，アメリカは捕鯨に支えられてきた。捕鯨によって生み出される製品が西欧に輸出され，消費の拡大とともに，ますます海運も開けていった。アメリカ捕鯨の盛衰のすべてを膨大な資料から描き上げた名著。

　アメリカの捕鯨の歴史です。捕鯨は水産業ですから**66 水産業**であり，具体的に鯨を捕るのですから，**664 漁労．漁業各論**に分類します。ここでは，〈.2／.3 漁場による種別〉〈.4／.5 漁具・漁法による種別〉〈.6／.9 個々の魚類・水産動物〉のように細分できるようになっていますので，〈.6／.9 個々の魚類・水産動物〉にある，**.9 海獣類：くじら，ラッコ，オットセイ**に分類します。そしてアメリカの歴史ですのでアメリカの地理区分をしたいところですが，「＊地理区分」という指示がありませんので直接地理区分を付加することができません。そのため，地理区分を付加する場合は形式区分の–02 を付けてからアメリカ合衆国の地理区分である –53 を付加します。つまり，**664.9 海獣類＋02 歴史的・地域的論述**（形式区分）＋**53 アメリカ合衆国**（地理区分）→664.90253 となります。

⑤ 若狭信治ほか著『ネットショップ開業・運営完全ガイド』（技術評論社，2014）

開業から運営，そしてネットショップを大きくする秘訣まで，重要セオリーをすべて網羅。
〈目次〉
第1章　開店の準備
第2章　スマートフォン対応

第3章　ショッピングモールへの出店
第4章　運営の基本
第5章　販売促進
第6章　広告の活用とソーシャルメディアとの連携
第7章　商品開発
第8章　経営を意識したネットショップの運営と会計知識

　インターネットで店を構えるためのノウハウを述べた本です。

　通常の商店であれば，**67 商業**の下の，**673 商業経営．商店**にある〈.5／.9 各種の商店〉に分類します。例えば，**673.8 デパート**，**673.86 スーパーマーケット**のようになります。しかし，ネットショップの場合は店舗を持ちません。そのため，〈.5／.9 各種の商店〉に挙げられている小売店とは性質が異なります。**673.34 無店舗販売**があるのですが，9版の補遺で**673.36 通信販売**にネットワーク・ビジネスが追加され，10版ではこの項目名が「通信販売：インターネット，テレビ」になりました。したがって，ネットショップも**673.36 通信販売**に分類します。

⑥　鉄道の達人倶楽部編著『わくわくがとまらない日本の鉄道 77：
　　読んだら乗りたくなる！』（ロングセラーズ，2014）

被災地に元気を運んだ，全線開通の「三陸鉄道」から，最上級の和みの列車ともてなし「ななつ星 in 九州」スリルとダイナミックな峡谷を堪能する「黒部峡谷トロッコ電車」まで，列車，駅舎，駅弁……最新の鉄道情報を満載！

　日本の鉄道に関するさまざまな話題が扱われています。当然この中には 516 に分類すべき工学的な扱いのものや，9版であれば 546

7．6類 │ *241*

になる電気鉄道の話題もありますが，このように鉄道全般を扱っている場合は，**686 鉄道運輸**の下の **.2 鉄道史・事情**に分類し，地理区分の**1 日本**を付加して 686.21 に分類します。

⑦ 信濃毎日新聞社編『信州の鉄道物語』（信濃毎日新聞社，2014）

> 高原の軽便鉄道，路面電車，森林鉄道……魅力を放ち消えて行った路線の数々。新幹線延伸，リニア，三セク化……劇的に変わる今だからこそ知っておきたい，鉄道発祥と盛衰の物語。

　鉄道のうち，特に特定の部分には限定されず，信州における鉄道全般の歴史や事情の紹介です。このような鉄道全般については **68 運輸．交通**のところの **686 鉄道**にある，**.2 鉄道史・事情**に分類します。さらにここには「＊地理区分」とありますので，信州の地理区分を付加します。地理区分は現在の国境や地域で区分されていますので，昔の地名や地域の場合は現在の地域にあてはめて分類します。とはいっても，その国境や県境は現在のものと完全に一致するものではありませんが，例えば課題の信州はほぼ今の長野県に相当するので長野県として分類します。当時信州だったけれども今は他の県になっている地域が含まれていても構いません。以上のことから，信州の地理区分は長野県と同じ 152 として，**686.2 鉄道史・事情** + **152 長野県**→686.2152 となります。

⑧ 三橋貴明ほか著『「テレビ政治」の内幕：なぜマスメディアは本当のことを伝えないのか』（PHP 研究所，2010）

> 〈目次〉

242 | Ⅱ部 3章 応用例題と解説

第1章 政権交代に貢献したマスコミの偏向報道（明確になった「日本国民のいちばんの敵」；ネット上の意見は社会を変えられるか ほか）

第2章 問題大臣の化けの皮を剥ぐ（本当に「国民の命令書」なのか；怖いものなしの「政治主導」 ほか）

第3章 「テレビ政治」によって曲げられている真実（自民党幹部の「保守」認識への疑問；タカ派的な議論をすると，テレビが寄ってたかって叩く ほか）

第4章 "見世物"としての「事業仕分け」（新政権発足一〇〇日で何が変わったか；政府が民間のビジネスを削った ほか）

第5章 民主党の暴走，テレビの迷走（多くの企業が資材発注後に工場建設を中止した理由；子供の夢を壊した鳩山政権 ほか）

　タイトル関連情報では「マスメディア」とありますが，本タイトルに「テレビ」とありますし，目次を見てもおもにテレビを対象としていることがわかります。したがって，テレビとして分類するのがよさそうです。特にどの番組と限定されず，一般的にテレビと社会を論じたものですので，**699 放送事業：テレビ，ラジオ**の下の**.8 放送と社会**に分類します。

8．7類

① 小川万海子著『ウクライナの発見：ポーランド文学・美術の十九世紀』（藤原書店，2011）

　プロイセン・オーストリア・ロシアの三列強により領土を分割された19世紀，ポーランド文化史上，最も重要な意味をもつポーランド・ロマン主義が開花した。そのインスピレーションの源泉となった「ウクラ

8. 7類 | *243*

> イナ」を，美術・文学の中に辿る。
>
> 〈目次〉
>
> 第1章　ウクライナ概説（「ウクライナ」の語源：ポーランドとウクラ
> 　　　イナの歴史的関係　ほか）
>
> 第2章　十九世紀ポーランド美術におけるウクライナ（ウクライナに魅
> 　　　せられた画家たち；ユゼフ・ウモンスキ　ほか）
>
> 第3章　十九世紀ポーランド文学におけるウクライナ（『マリア―ウク
> 　　　ライナの物語』；『カニュフ城』　ほか）
>
> 終章（もの言う自然：ポーランド・ロマン主義とウクライナ）

　文学と美術を含めて論じています。この場合，ポーランドの文学
史と美術史の二つの主題があると考えることもできますが，課題の
図書の場合は文学と美術を含めたポーランドの芸術史におけるロマ
ン主義が主題であると考えた方がよさそうです。このように文学と
美術や音楽などの芸術を合わせて論じたものは多いのですが，
NDC としては文学は9類で，美術や音楽は7類と分かれています。
この場合，文学も広い意味で芸術の一部と考えられますので，7類
の芸術として分類するのが一般的です。以上のことから，**702 芸術
史**＋**349 ポーランド**（地理区分）→702.349 となります。

② 倉橋重史著『絵画社会学素描』（晃洋書房，1991-2002）

　NDC には絵画社会学という項目はありません。絵画は 72 で，そ
の下は〈721／723 様式別の絵画〉〈724／725 絵画材料・技法〉とな
っていますので，絵画全般については 720 のところに分類すること
になります。ところが，その下には絵画社会学に該当しそうな項目
はありません。そこで，NDC の考え方を知るために，絵画に限ら

ない，芸術一般の芸術社会学はどうなっているかを見てみると，**701 芸術理論．美学**の下に**.3 芸術社会学**というのがあります。ここは**7 芸術．美術＋-01 理論．哲学**（形式区分）のところですので，NDC としては芸術の社会学を形式区分の -01 に分類すると考えていることがわかります。そこで絵画についても，絵画社会学は絵画＋01 とすればよさそうです。その場合，**72 絵画＋01 理論．哲学**→720.1 となります。本表を見てみると，すでに**.1 絵画の理論・美学**とあります。これが形式区分なのかどうか，つまり絵画社会学をここに分類してよいかどうかを知るために，他の項目を見てみましょう。**.2 絵画史**，**.6 団体**，**.7 研究法**，**.8 叢書**とあり，これらは形式区分と同じですので，**.1 絵画の理論・美学**は形式区分であると考えられます。したがって，絵画社会学は**720.1 絵画の理論・美学**に分類すればよいと考えられます。

③ 吉村作治ほか『エジプト美の起源：カイロ博物館入門』（小学館，1997）

絵画，石彫，工芸品……，カイロ博物館所蔵の美術品の主なものを収録。吉村作治が解説した，旅案内もかねる新タイプの美術書。
〈目次〉
○カイロ博物館へようこそ
○エジプト文明の誕生―先王朝，初期王朝の美術
○王権の繁栄―古王国時代の美術
○生産力の増大―中王国時代の美術
○繁栄の頂点へ―新王国時代の美術
○統一の崩壊―第三中間期，末期王朝，グレコ・ローマン時代の美術
○カイロ博物館のおいたち

---

8. 7類 | *245*

　本タイトルはエジプト美術，タイトル関連情報はカイロ博物館が主題であることを表しています。まずはどちらをこの本の主題と捉えたらよいかを考えてみましょう。

　この本は，カイロ博物館に所蔵されている美術品を解説することで，エジプトの美術を紹介するものです。ですから，カイロ博物館とエジプト美術の両方ともこの本の主題であるといえるのですが，どちらかというとどちらに重きを置いているか，を判断することになります。この本の場合は最初が「カイロ博物館へようこそ」で最後に「カイロ博物館のおいたち」があり，カイロ博物館が主のような構成になっていますが，本文の書き方はエジプト美術の紹介が主です。したがって，ここではエジプト美術を主題と考えることにします。次に，そのエジプト美術の分類記号を考えましょう。

　702 芸術史．美術史の注として，「＊芸術・美術〈一般〉の各時代史，および主要な様式の歴史，研究・評論は，.02／.07 に収める；ただし，各国の芸術史・美術史は，時代史および様式も .1／.7 に収める」とありますので，エジプトの美術史は各国の美術史ですから 702＋42 エジプトになりそうなものですが，〈.02／.07 時代・様式別〉のところに **.03 古代美術：エジプト** ... とありますので，702.03 とします。一般的な歴史の場合は，古代エジプトも現代と同じく **242 エジプト**に分類し（古代の場合は 242.03，現代は 242.07），単なる地理区分としては古代も現代もともに −42 を使用するのですが，美術史や音楽史など，一部の分野では古代エジプトや古代ギリシア・古代ローマなどの項目が別途設定されているところがありますので，その場合はそちらを優先します。

246 │ Ⅱ部　3章　応用例題と解説

④ 岩切友里子著『国芳：カラー版』（岩波書店，2014）

破格の構図，自由自在なアイデア──歌川国芳（一七九七～一八六一）
の絵には，浮世絵や時代の枠を超えて伝わってくる楽しさがある。幕末
に活躍した国芳は，武者絵・戯画・美人画・役者絵・風景画と，あらゆ
るジャンルで工夫をこらした作品を作り続けた。常に新しさを求めた奇
想の江戸っ子浮世絵師の代表作七〇点余を紹介。
〈目次〉
第1章　浮世絵の世界へ──初期の画業（浮世絵師になる；デビュー作
　　とヒット作；長い雌伏期）
第2章　人気浮世絵師になる（「通俗水滸伝」シリーズ；拡がる武者絵
　　の世界；斬新な洋風風景画）
第3章　天保の改革を越えて（天保の改革と出版取締り；改革風刺の判
　　じ物；国芳の自負心；時世のトピックを描く；判じ物再び）
第4章　多様な意匠（アイデア自在の戯画；ワイドスクリーン型の大画
　　面；絵で楽しむ実録；見立の楽しさ；真に迫る役者絵）
第5章　晩年の国芳（生人形と錦絵；安政期の作画；国芳の死と後継者
　　たち）

　浮世絵師である歌川国芳について論じています。解説文では代表
作を紹介，となっていますが，単に絵を並べただけではありません
ので，画集ではなく研究書（つまり一般の本）として分類するのが
よさそうです。

　浮世絵は **721 日本画** の下に **.8 浮世絵** という項目があります。浮
世絵はごく初期のものを除いてほとんどが木版画ですので **733 木
版画** に分類しそうに思えますが，NDC としては絵画の下の **721.8
浮世絵** に分類します。

⑤ レミ・ジャコブ著『メンデルスゾーン：知られざる生涯と作品の秘密』（作品社，2014）

　個人伝記のうち，「哲学者，宗教家，芸術家，スポーツ選手［スポーツマン］，諸芸に携わる者および文学者の伝記」はその分野に分類します（Ⅰ部4章3．2類）。メンデルスゾーンは作曲家で芸術家ですから，**289 個人伝記**ではなく，**76 音楽**のところに分類します。762.8 音楽家〈列伝〉のところに「＊作曲家，演奏家，声楽家，指揮者を収める；ただし，各国の音楽家および個人の伝記，研究・評論は，.1／.7 に収める；個人の場合は，主な活動の場と認められる国，もしくは出身国により地理区分」とありますので，ドイツの作曲家であるメンデルスゾーンの個人伝記は **762 音楽史．各国の音楽＋34 ドイツ**（地理区分）→762.34 となります。

⑥ 中山康樹著『誰も知らなかったビートルズとストーンズ』（双葉社，2013）

> 2012 年にデビュー50 周年を迎えたビートルズと，今年デビュー50 周年のローリング・ストーンズ。「優等生 VS 不良」など，当時から反目を演出された両者には，実際には深い蜜月関係があった。音楽制作面からスキャンダルに至るまで，世界で最も有名なふたつのグループの最も知られていない側面に初めて光を当てる。ロック史上最大の"死角"が，ここに明らかになる。

　ビートルズもストーンズもロックグループです。ロックは **764 器楽合奏**の下の **.7 軽音楽．ダンス音楽．ジャズ．ロック音楽**に分類します。注には「ボーカルを伴うロックバンドも，ここに収め

る」とありますが，これはボーカルのみのロック歌手の場合は **767 声楽**の下の **.8 歌謡曲. 流行歌. シャンソン. ジャズソング**に分類するからです。基本的にクラシック音楽を念頭に置いて分類記号が構成されているため，このように合奏と声楽が分かれているのだと思われますが，現代の音楽を分類するにはあまり有効な区分とはいえません。とはいえ，NDC としては **764.7 軽音楽. ダンス音楽. ジャズ. ロック音楽**に分類することになります。

⑦ 木村昌彦ほか著『女子のための柔道の教科書』（滋慶出版, 2014）

> カンタンな体感練習で着実に基本が身につく。女子の特性を活かした安全な練習法が満載。

　タイトルに「女子のための」とあります。対象が特定の読者に限定されている場合はその対象に分類するのが原則ですが，「女子」という概念は柔道よりも抽象度がはるかに高いので，より具体的な柔道のほうがメインになります（警察官のために限定された柔道であれば警察官に分類できますが，「警察官のための柔道」というタイトルであっても一般にも使用できる内容であれば柔道をメインにします）。

　柔道はスポーツですから，**78 スポーツ. 体育**の下の **789 武術**の下の **.2 柔道. サンボ**に分類します。この下に「女子柔道」のような項目があればそこに分類したいところですが，そのような区分はありません。また，タイトルに「教科書」とありますが，高校までの学校の授業で使用する教科書という意味ではなく，単なる入門書ですので，「教科書」は分類記号には反映させません。したがって，

789.2 柔道が課題の図書の分類記号となります。

9．8類

① 花井等ほか著『論文の書き方マニュアル：ステップ式リサーチ戦略のすすめ』（有斐閣，2014）

> デジタル情報化時代の論文作成に対応した待望の新版。卒業論文，修士論文，ゼミレポートと，色々な場面で必要となる研究・学習のまとめや，資料収集と整理——学生のための最も確実な，その手順とノウハウを教えます。

　課題の図書は日本語での論文の書き方ですので，**81 日本語**のところに分類します。**816 文章．文体．作文**の下に，**.5 論文**がありますのでここに分類し，816.5 とします。

② 朝倉季雄著『新フランス文法事典』（白水社，2002）

　フランス語の文法事典で，項目はアルファベット順に並んでいます。メインはフランス語で，文法がサブ，さらに事典がその下のサブになります。

　8言語は，8＋言語区分＋言語共通区分という構造になりますので，**8 言語**＋**5 フランス語**（言語区分）＋**5 文法**（言語共通区分）→855 フランス語の文法となります。さらにアルファベット順に並んでいる事典ですので，形式区分の –033 を付加して 855.033 という分類記号になります。この –033 は，**8 言語**のところに付加するのですが，語彙の辞典ではありませんので，言語共通区分の辞典ではなく形式区分の辞典．事典です。したがって，–3（言語共通区分）ではなく

250 | Ⅱ部　3章　応用例題と解説

-033（形式区分）を付加することになります。

10.　9類

① K. M. ワイランド著『ストラクチャーから書く小説再入門　個
性は「型」にはめればより生きる』（フィルムアート社，2014）

> 映画化，アニメ化されるヒット作はどう書かれているのか？
> 小説や映画の豊富な事例をもとに，物語を書くための術を徹底解説！

　小説の書き方を解説したものです。小説ですから **9 文学**なので
すが，言語により特定されませんので，言語区分をする次の桁は 0
となります。そこで本表の 90 のところを見ると，**901 文学理論・
作法**の下に **.307 小説作法**がありますので，**901.307 小説作法**に分
類します。

② ディートマー・グリーザー著『主人公になった動物たち』（北樹
出版，2014）

> 動物物語の中で活動する動物たちはいずれも天から降って湧いたわけで
> はない。動物たちが主人公になるに至った背景を探ると，そこには，偶
> 然や日常的な些事，インスピレーション，創作上のテクニック，詩的フ
> ァンタジーなどが潜んでいる。
> 〈目次〉
> ◦子犬のダーシェンカ—カレル・チャペック
> ◦子鹿のバンビ—フェーリクス・ザルテン
> ◦クマのプーさん—A. A. ミルン
> ◦ロバのプラテーロ—J. R. ヒメネス

10. 9類 | *251*

- 。白鯨のモービィ・ディック—ハーマン・メルヴィル
- 。キャッツ—T. S. エリオット
- 。蜜蜂マーヤ—ヴァルデマール・ボンゼルス
- 。ドリトル先生の動物たち—ヒュー・ロフティング
- 。犬のバウシャン—トーマス・マン
- 。ウォーターシップ・ダウンのうさぎたち—リチャード・アダムス〔ほか〕

　文学を扱った図書のなかには，文学におけるある特定の主題について論じているものがあります。このとき，対象の文学が特定の言語や形式に限定されるのであればそれぞれの文学史に分類するのですが，特に言語や形式が限定されていない場合のために，9版では**902.09 文学に現れた特殊な主題**が新設されました。

　課題の図書の目次を見ると，対象となっている作品は，チェコ語，ドイツ語，英語（いずれも小説），スペイン（詩），などであり，言語や形式が特定できませんので，**902.09 文学に現れた特殊な主題**に分類します。

　なお，同じように文学に現れた主題を扱っていても，文学が単なる資料に過ぎず，その主題の方がメインであるものは，文学ではなくその主題の方に分類します。

③　藤澤全著『井上靖の小説世界：ストーリーテラーの原風景』（勉誠出版，2014）

自伝的作品である『しろばんば』，『わが母の記』芥川賞受賞作『闘牛』，山岳社会小説『氷壁』移民文学『わだつみ』など，井上靖の膨大な小説作品群から12篇を取り上げ，構想・内容・特色・素材・創作術・文芸

252 | Ⅱ部　3章　応用例題と解説

性などを広角的に探求する。名作の数々を丁寧に解説し，巻末には略年
譜も収めた初めてのガイド

　井上靖の小説を論じた本です。

　特定の一作品を論じたものであればその形式に分類します（一作
品の場合は，近代小説を小説ではなく文学史に分類するという例外
はありません）。しかし個人を扱ったものでも，複数の作品を論じ
たものは，小説ではなく文学史として分類します。課題の図書は井
上靖個人を扱っていますが，対象としている作品は複数ありますの
で，**913.6 小説**ではなく，**910.268 作家の個人伝記［作家研究］**に
分類します。

　NDC は記号を覚えやすいように考慮されており，第１次区分も
形式区分も哲学は１，歴史は２のように同じ内容には共通した記号
を使用するようになっています（これを助記性といいます）。そし
て８は叢書・シリーズや列伝など，「複数」のものに使用されるこ
とが多いのですが，一部に例外があります。ここ文学史でも，文学
形式も時代も特定できない作家の列伝は，例えば日本の場合は
910.28 のようになりますが，近代の作家の場合には小説家の列伝が
０（例えば 910.26_）で，個人伝記が８（例えば 910.268）となりま
すので，注意が必要です（同様に「８」が個を表すものとしては，
366.628 個々の労働組合誌，**376.128 個々の幼稚園誌**（9版では補遺），
377.28 個々の大学誌があります）。

④ 日本近代文学会東北支部編『東北近代文学事典』（勉誠出版，
　2013）

> 東北 6 県の近代文学の達成が一望できる待望の大事典。文学史上に残る
> 文豪から現在活躍中の作家まで 800 を超える人名に，地方の特色を盛り
> 込んだ多くの項目を収録。いまこそ，東北から日本文学の豊穣を発信す
> る。
> 〈目次〉
> 第 1 部　人名篇
> 第 2 部　事項篇（各県別の文学状況；歴史と東北の近代文学；東北にお
> 　ける近代文学の特徴；作家をめぐる人々；記憶に刻まれる文学）

　日本文学を扱っていますが，時代は近代ですが形式は特定できま
せん。しかし，東北という地域が限定されています。

　このような図書を分類するところとして，**91 日本文学**の下に
910.29 地方文学があります。これは日本文学だけにある区分で，
特定地域の文学活動一般を分類します。ただし，特定地域の文学で
あっても，文学形式が限定されている研究は 911／917 に分類する
ほか，文学作品そのものは 911／918 に分類します。つまり，ここ
に分類するのは文学形式が特定できない研究や論述です。

　そして，課題の図書は文学作品そのものではなく，形式を特定で
きない東北の文学の研究ですので，**910.29 地方文学**に分類します。

　なお，本表ではこの注は「＊文学形式を限定している研究は 911
／917 に，作品は 911／918 に収める」という文章なのですが，こ
れは日本語としては二通りの読み方が可能です。一つは「文学形式
を限定している研究は」を最初の「911／917 に」にのみ掛かると
考えて，「文学形式を限定している研究は 911／917 に収める。作品

は911／918に収める」とする読み方と，「文学形式を限定している研究は」が両方に掛かると考えて「文学形式を限定している研究は911／917に収める。文学形式を限定している作品は911／918に収める」とする読み方です。

　日本語としてはこの二通りの読み方ができますが，918は文学形式を特定できない作品集を分類するところですので，「文学形式を限定している作品は911／918に収める」と読んでしまうと，「／918」の部分は「文学形式を限定している作品集は，文学形式を特定できない作品集を収める918に分類する」ということになって矛盾してしまいます。したがって，この注の意図は，地域が特定されていても作品そのものは**910.29 地方文学**ではなく911／918に分類するという意味であるはずです。

　また，この注は9版では「＊文学形式を限定している研究→911／917；作品→911／918」とあったものですので，ここからも「文学形式を限定している研究は911／917に収める。作品はすべて911／918に収める」と読むべきだと考えられます。

　ちなみに，「文学形式が限定されている研究は911／917に分類する」というのは，ここ910.29には分類しないという意味であって，その他は原則どおりに，近代小説の研究のうち，小説家の列伝，多数作家の小説の研究，小説史は**910.261／5近代日本文学史**に分類し，小説家の個人伝記，個人作家の複数の小説の研究などは**910.268 作家の個人伝記**に分類することになると考えられます。

⑤　十返舎一九作『化物見越松』

　『東海道中膝栗毛』で有名な十返舎一九の作品です。実際にはこ

の作品だけの現代の単行本はないのですが，説明のためにこの作品の分類記号を考えてみましょう。

『化物見越松』は十返舎一九が著した黄表紙本です。黄表紙は江戸時代の物語の本で，NDC の記号としては **913 小説．物語**の下に**.57 草双紙：赤本，黒本，青本，黄表紙，合巻**とありますのでここに分類します。

ところで，同じく 913 の下には，**.55 滑稽本：十返舎一九，式亭三馬，滝亭鯉丈**とあり，十返舎一九の資料はここに分類するようにも思えます。しかし「：」は左にある項目（この場合は滑稽本）の細目を示すための記号であり，あくまでも左にある項目がその記号の内容を表しています。したがって，この部分は，「ここは滑稽本を分類する記号であり，その著者の例として，十返舎一九，式亭三馬，滝亭鯉丈などがいる」と理解すべきもので，その逆ではありません。そもそも NDC では文学については個別の作者で分類するということをしませんので，十返舎一九の作品をすべて一箇所に集めるという発想はありません。

⑥ 村上春樹著『雨天炎天：ギリシャ・トルコ辺境紀行』（新潮社，2014）

> 「女」と名のつくものはたとえ動物であろうと入れない，ギリシャ正教の聖地アトス。険しい山道にも，厳しい天候にも，粗食にも負けず，アトスの山中を修道院から修道院へひたすら歩くギリシャ編。一転，若葉マークの四駆を駆って，ボスフォラス海峡を抜け，兵隊と羊と埃がいっぱいのトルコ一周の旅へ──。雨に降られ太陽に焙られ埃にまみれつつ，タフでハードな冒険の旅は続く。

256 | Ⅱ部　3章　応用例題と解説

作家である村上春樹が著したトルコの紀行文です。

　文学共通区分（Ⅰ部2章3．一般補助表）でも触れましたが，紀行文はその著者が文学者かどうかで分類が異なります。文学者が著したものはここ文学の **-5 日記．書簡．紀行**に分類し，それ以外の著者のものは **29 地理**のところに，29△09 として分類します。

　課題の図書は日本の作家によるもの（正確には作家によって日本語で書かれたもの）ですので，**915.6 日本の近代文学（紀行）**として分類します。なお，この記号は本表に展開されているものをそのまま使用できますが，その構造は，**9 文学**＋**1 日本語**（言語区分）＋**5 日記．書簡．紀行**（文学共通区分）＋**6 近代**（本表による）となっています。

⑦ 吉川幸次郎著『漱石詩注』（岩波書店，1967）

　夏目漱石は『坊ちゃん』『吾輩は猫である』などの小説家として有名ですが，そうであっても漱石の詩について論じた本は詩に分類します。通常は，日本語の詩は **91 日本文学**の下の **911 詩歌**に分類しますが，漱石が書いたのは漢詩ですので，漢詩に分類します。

　中国人の漢文は当然 **92 中国文学**に分類しますが，日本人の漢詩・漢文は **91 日本文学**の下に **919 漢詩文．日本漢文学**という記号が設定されています。さらに時代で区分しますので，夏目漱石は明治時代の作家ですから **.6 近代：明治以後**であり，919.6 となります。

おわりに

　目録作成や分類記号付与などの図書館における資料整理技術は，従来はそれぞれの図書館の中で個別に発展し継承されてきました。しかし今日では，これらは標準化された技術になる一方で，図書館の規模の縮小や外部への委託化などにより，その標準化された技術を継承し向上していく場が失われつつあります。本書を通じて，司書課程で学ぶ学生や，分類業務に従事したいけれども経験がないのでその職に就けない方，また実際に作業しているけれども十分に訓練を受けられていない方達に，分類の技術が伝わり，かつその面白さを感じて頂ければ幸いです。

　本書は前著『RDA 入門』に続いて，筆者の勤務先である NPO 法人大学図書館支援機構前理事長の上田修一慶應義塾大学名誉教授に執筆の機会を頂いたものです。さらに草稿の段階で貴重なご意見を伺う事ができました。この場を借りて感謝申し上げます（もちろん本書に不備があれば，すべて筆者にその責があります）。また，快く出版をお引き受けくださった樹村房の大塚栄一社長ならびに編集担当の石村早紀氏に御礼申し上げます。

蟹瀬　智弘

参考文献

日本図書館協会分類委員会. 日本十進分類法. 新訂6A版. 日本図書館協会, 1951.

日本図書館協会分類委員会. 日本十進分類法. 新訂7版. 日本図書館協会, 1961.

日本図書館協会分類委員会. 日本十進分類法. 新訂8版. 日本図書館協会, 1978.

日本図書館協会分類委員会. 日本十進分類法. 新訂9版. 日本図書館協会, 1995.

日本図書館協会分類委員会. 日本十進分類法. 新訂10版. 日本図書館協会, 2015.

もり・きよし. 資料分類法概論. 改訂版. 理想社, 1979.

もりきよし編. NDC入門. 日本図書館協会, 1982.

緑川信之. 本を分類する. 勁草書房, 1996.

Broughton, Vanda. Essential classification. Facet, 2004.

Hunter, Eric J. Classification made simple : an introduction to knowledge organisation and information retrieval. 3rd ed. Ashgate, 2009.

RDA : Resource Description and Access. http://access.rdatoolkit.org/

Library of Congress Classification Outline. http://www.loc.gov/catdir/cpso/lcco/

日本図書館協会件名標目委員会. 基本件名標目表. 第4版. 日本図書館協会, 1999.

Web NDLSH. http://id.ndl.go.jp/auth/ndlsh

Library of Congress Subject Headings. http://id.loc.gov/authorities/subjects.html

紀伊國屋書店ウェブストア. https://www.kinokuniya.co.jp/

国立国会図書館サーチ．http://iss.ndl.go.jp/

Cinii Books．http://ci.nii.ac.jp/books/

Amazon.co.jp．http://www.amazon.co.jp/

付録1 メインとサブの両方になるものの一覧

主題・形式・分野	メインとしての分類記号	サブとしての分類記号	形式区分としての記号	おもな項目名	備　考
百科事典	030		-03	参考図書	
論文集	040		-04	論文集. 評論集. 講演集. 会議録	
逐次刊行物	050		-05	逐次刊行物	
団体	060		-06	団体	
叢書	080		-08	叢書. 全集. 選集	
哲学	100		-01	理論. 哲学	
		161.1		宗教哲学	
		201.1		歴史理論. 歴史哲学	
		311.1		政治哲学	
		321.1		法哲学	
		331.1		経済哲学	
		361.1		社会哲学	
		371.1		教育哲学	
		391.1		戦争：哲学, 心理学	
		401		科学理論. 科学哲学	
		410.1		数理哲学	
		490.1		医学哲学	
		492.901		看護思想・哲学	
		701.1		芸術哲学. 美学. 美学史	
		761.1		音楽哲学. 音楽美学	
		801.01		言語哲学. 言語美学	
心理学	140		なし		
	143.5			女性心理	
	143.6			壮年心理	
	143.7			老年心理. 中高年心理	
	143.9			民族心理学	
		019.1		読書の心理. 読書の生理	
		311.14		政治心理学	
		321.4		法心理学	
		327.014		裁判心理学. 供述心理学	

付録1 | *261*

主題・形式・分野	メインとしての分類記号	サブとしての分類記号	形式区分としての記号	おもな項目名	備 考
心理学(続)		335.14		経営心理	
		361.4		社会心理学	
		366.94		労働心理学. 産業心理学	
		371.4		教育心理学	
		371.45		児童心理	
		371.47		青年心理	
		376.11		幼児心理	
		391.1		戦争：哲学. 心理学	
		481.78		動物の行動・心理	
		490.14		医学と心理	
		490.145		患者心理	
		492.9014		看護心理学	
		674.1		広告理論・心理・倫理	
		701.4		芸術心理学	
		761.14		音楽心理学	
		780.14		体育心理学	
		801.04		心理言語学 ［言語心理学］	
倫理学	150		なし		
		070.15		報道・新聞の倫理. プレスコード	
		311.15		政治道徳. 政治倫理	
		335.15		経営倫理. 企業の社会的責任	
		461.15		生命倫理	
		490.15		医学と倫理	
		490.9015		看護倫理	
		674.1		広告理論・心理・倫理	
宗教	160		なし		
		316.2		国家と宗教	
		490.16		医学と宗教	
歴史学	200		-02	歴史的・地域的論述	

主題・形式・分野	メインとしての分類記号	サブとしての分類記号	形式区分としての記号	おもな項目名	備　考
政治学	310		なし		510／580 各種の技術・工学では固有補助表に -091 政策. 行政. 法令がある
		011.1		図書館行政	
		018.091⁺		文書管理政策. 文書館行財政・法令	
		069.1		博物館行財政・法令	
		165.9		宗教政策. 宗教行政. 宗教法令	
		175.1		神社行政. 神社法令	
		185.1		寺院行政・法令	
		333.09		経済法. 経済行政（ただし各国・各地域の経済政策は 332.1／.7）	
		334.3		人口政策	
		334.4		移民・難民政策	
		334.5		植民政策	
		334.6		土地行政. 土地法	
		334.7		資源. 資源行政. 資源法	
		337.3		通貨政策	
		337.31		金政策	
		337.32		銀政策	
		337.83		物価政策・問題　物価行政・法令	
		338.3		金融・銀行政策	
		339.3		保険政索・行政	
		345.1		租税政策・行政. 税制改革	
		350.19		統計行政・法令	統計法令は 350.192
		364.1		社会政策	
		365.31		住宅政策・行政・法令	
		366.11		労働政策	
		366.12		労働行政. 国際労働機関	
		369.11		福祉政策. 福祉行政. 福祉財政	
		373.1		教育政策. 教育制度. 学校制度	

主題・ 形式・分野	メイン としての 分類記号	サブと しての 分類記号	形式区分 としての 記号	おもな項目名	備　考
政治学(続)		373.2		教育行政. 教育委員会. 教育視察	
		379.1		社会教育行財政・法令	
		393.2		軍事・国防行政. 軍事・国防法. 軍制	軍事法・国防法は 393.21
		492.981		看護行政	
		498.1		衛生行政. 厚生行政	
		499.091		薬事行政・法令	
		509.11		工業行政. 技術行政	
		510.91		建設・土木行政. 建設法令	
		514.091⁺		道路政策・行政・法令	
		517.091		河川行政. 河川法	
		519.1		環境政策. 環境行政・法令	
		520.91		建築行政・法令. 建築事故	
		539.091		原子力政策・行政	
		540.91⁺		電気行政・法令	
		547.509		電波行政・法令. 電波監理. 標準 電波	
		550.91		造船政策・行政. 海事法令	
		560.91		鉱業政策・行政. 鉱業法. 鉱業権	
		567.091		石炭政策・行政・法令	
		568.09		石油経済・政策・行政・法令	
		570.91⁺		化学工業　政策. 行政. 法令	9版では, 570.9　化 学工業　経済, 政策. 行政. 法令
		586.091		繊維工業政策・行政・法令	
		586.21		綿業. 紡績業　行政. 法令. 経済. 経営. 市場	
		586.31		麻工業　行政. 法令. 経済. 経営. 市場	
		586.41		絹工業. 絹糸紡績　行政. 法令. 経済. 経営. 市場	
		586.51		羊毛工業　行政. 法令. 経済. 経 営. 市場	

主題・ 形式・分野	メインとしての 分類記号	サブとしての 分類記号	形式区分としての 記号	おもな項目名	備　考
政治学(続)		586.61		化繊工業　行政．法令．経済．経営．市場	
		586.71		織物工業　行政．法令．経済．経営．市場	
		588.09		食品工業　行政．法令．経済．経営．市場	
		611.1		農業政策・行政・法令．農政学	農業法は 611.12
		611.23		土地政策．農地改革．農地法	
		611.31		食糧政策・行政・法令	
		621.1		園芸政策・行政・法令	
		631.1		蚕糸業政策・行政・法令	
		641.1		畜産政策・行政・法令	
		649.81⁺		家畜衛生行政	
		651.1		森林政策・行政・法令	森林法は 651.12
		661.1		漁業政策・行政．漁業制度	漁業法は 661.12
		671.2		商業行政・法令	
		678.1		貿易政策・行政・法令	
		681.1		交通政策．交通統制	交通行政・交通法は 681.2
		683.1		海運政策・行政・法令	
		683.91		港湾政策・行政・法令	
		685.1		陸運政策・行政・法令	
		686.1		鉄道政策・行政・法令	
		687.1		航空政策・行政・法令	
		688.1		倉庫業政策・行政・法令	
		689.1		観光政策・行政・法令	
		691		通信政策・行政・法令	
		693.1		郵便政策・行政・法令・条約	
		694.1		電気通信政策・行政・法令・条約	
		699.1		放送政策・行政・法令．受信料	
		709		芸術政策．文化財	
		778.09		映画産業：…映画政策	

主題・ 形式・分野	メイン としての 分類記号	サブと しての 分類記号	形式区分 としての 記号	おもな項目名	備　考
政治学（続）		802		言語史・事情. 言語政策	
法学	320		なし		510／580 各種の技 術・工学では固有補 助表に -091 政策. 行政. 法令がある
	323			憲法	
	324			民法	
	325			商法	
	326			刑法	
	327.2			民事訴訟法	
	327.6			刑事訴訟法	
	323.9			行政法	
	326.8			刑事特別法	経済刑法, 労働刑法, 租税刑法など
	327.8			少年法	
	329			国際法	ただし, 特定の条約 はその主題へ
		011.2		図書館法令および基準	
		018.091⁺		文書管理政策. 文書館行財政・法 令	
		021.2		著作権. 著作権法	
		069.1		博物館行財政・法令	
		070.12		報道・新聞に関する法令. 検閲	
		165.9		宗教政策. 宗教行政. 宗教法令	
		175.1		神社と国家. 国家神道. 神社行政. 神社法令	
		185.1		寺院と国家. 寺院行政・法令	
		314.13		国会法および関係法令	
		333.09		経済法. 経済行政（ただし各国・ 各地域の経済政策は 332.1/.7）	経済刑法は 326.83
		334.6		土地. 土地経済. 地価. 土地行政. 土地法	
		334.7		資源. 資源行政. 資源法	

主題・形式・分野	メインとしての分類記号	サブとしての分類記号	形式区分としての記号	おもな項目名	備　考
法学(続)		337.83		物価政策・問題　物価行政・法令	
		338.32		金融・銀行行政.　金融・銀行法令	
		339.32		保険法令	
		343.2		財政法.　会計法	
		345.12		税法	租税刑法は 326.88
		350.192		統計法令	
		365.31		住宅政策・行政・法令	
		366.14		労働法〈一般〉	労働刑法は 326.86
		366.15		労働基準法	
		366.16		労働組合法	
		366.17		労働関係調整法.　公労法.　地労法	
		366.19		外国の労働法	
		369.12		福祉法令・法規	
		373.22		教育法令.　設置基準	
		377.1		大学の管理・組織・運営.　法令・基準.　大学の自治	
		379.1		社会教育行財政・法令	
		393.21		軍事・国防法	軍刑法は 326.89
		499.091		薬事行政・法令	
		509.12		工業法令	
		510.91		建設・土木行政.　建設法令	
		514.091⁺		道路政策・行政・法令	
		517.091		河川行政.　河川法	
		519.12		環境法	
		520.91		建築行政・法令.　建築事故	
		539.0912		原子力法・協定	
		540.91		電気行政・法令	
		547.509		電波行政・法令.　電波監理.　標準電波	
		550.91		造船政策・行政.　海事法令	9 版では，550.92 船舶法.　海事法令.　海事代理士

主題・形式・分野	メインとしての分類記号	サブとしての分類記号	形式区分としての記号	おもな項目名	備　考
法学（続）		560.91		鉱業政策・行政．鉱業法．鉱業権	
		567.091		石炭政策・行政・法令	
		568.09		石油経済・政策・行政・法令	
		570.91＋		化学工業　政策．行政．法令	9版では，570.9　化学工業　経済．政策．行政．法令
		586.091		繊維工業政策・行政・法令	
		586.21		綿業．紡績業　行政．法令．経済．経営．市場	
		586.31		麻工業　行政．法令．経済．経営．市場	
		586.41		絹工業．絹糸紡績　行政．法令．経済．経営．市場	
		586.51		羊毛工業　行政．法令．経済．経営．市場	
		586.61		化繊工業　行政．法令．経済．経営．市場	
		586.71		織物工業　行政．法令．経済．経営．市場	
		588.09		食品工業　行政．法令．経済．経営．市場	
		611.12		農業法	
		611.23		土地政策．農地改革．農地法	
		611.31		食糧政策・行政・法令	
		621.1		園芸政策・行政・法令	
		631.1		蚕糸業政策・行政・法令	
		641.1		畜産政策・行政・法令	
		649.812＋		家畜衛生法令	
		651.12		森林法	
		661.12		漁業法．漁業権．入漁権．漁業条約	
		671.2		商業行政・法令	
		678.1		貿易政策・行政・法令	
		678.3		通商条約・協定．関税．税関	

主題・形式・分野	メインとしての分類記号	サブとしての分類記号	形式区分としての記号	おもな項目名	備　考
法学(続)		681.2		交通行政. 交通法	
		683.1		海運政策・行政・法令	
		683.91		港湾政策・行政・法令	
		685.1		陸運政策・行政・法令	
		686.1		鉄道政策・行政・法令	
		687.1		航空政策・行政・法令	
		688.1		倉庫業政策・行政・法令	
		689.1		観光政策・行政・法令	
		691		通信政策・行政・法令	
		693.1		郵便政策・行政・法令・条約	
		694.1		電気通信政策・行政・法令・条約	
		699.1		放送政策・行政・法令. 受信料	
社会学	360		なし		
	361.5			文化. 文化社会学	
	361.63			血縁集団. 家族 (社会学)	
	361.76			農村. 山村. 漁村 (社会学)	
	361.78			都市 (社会学)	
		161.3		宗教社会学	
		311.13		政治社会学	
		321.3		法社会学	
		366.9		労働科学. 産業社会学	
		371.3		教育社会学	
		701.3		芸術社会学	
		761.13		音楽社会学	
		781.13		体育社会学	
		801.03		社会言語学. [言語社会学]	
教育	370		-07	研究法. 指導法. 教育	
数学	410		-019	数学的・統計学的研究	
		311.19		計量政治学	
		331.19		経済数学. 経済統計. 計量経済学	

付録1 | *269*

主題・形式・分野	メインとしての分類記号	サブとしての分類記号	形式区分としての記号	おもな項目名	備考
数学(続)		339.1		保険理論. 保険数学. アクチュアリー	
		421.5		数理物理学. 物理数学	
		453.11		数理地震学	
		461.9		数理生物学	
		492.9019		看護統計学	
		501.1		工業数学	
		501.19		工業統計学	
		541.2		電気数学. 電気計算. 回路計算	
		610.19		農業数学. 農業統計学	
		651.8		森林数学. 森林計算・会計. 林価算法. 森林較利学	
		678.9		貿易統計	
		801.019		数理言語学	
物理学	420		なし		
		440.12		宇宙物理学. 天体物理学	
		464.9		生物物理学	
		501.2		工業物理学	
		613.2		農業物理学	
		663.3		水産物理学	
力学	423		なし		
		421.4		統計力学	
		501.23		応用流体力学	
		501.3		応用力学	
生物学	460		なし		
		613.6		農業生物学	
		663.6		水産生物学. 水産資源. 標識放流. 回遊	
植物学	470		なし		
		613.7		農業植物学	
		663.7		水産植物学	
動物学	480		なし		

主題・ 形式・分野	メイン としての 分類記号	サブと しての 分類記号	形式区分 としての 記号	おもな項目名	備　考
動物学(続)		613.8		農業動物学	
		654.8		動物の害．森林動物学	
		663.8		水産動物学	
精神医学	493.7		なし		
		498.99		法医精神医学．精神鑑定	
写真集	748		なし		
		29△087		地理．地誌．紀行　写真集	
言語	800		-07	研究法．指導法．教育	
		670.9		商業通信．商業作文．商用語学	

＊表に挙げたものはおもなもののみであり，すべてを網羅することを企図したものではありません。

付録 2　NDC9–10 版対応表

（9 版と 10 版を比較し，分類記号の増減と別法扱いの変更を書き出したもの。項目名の表記の変更や一部追加および一部削除は対象外とした。）

	NDC9	NDC10	変更内容*	項　目　名	備　考
第 3 次区分表					
	546		削除	電気鉄道	
	[647]		削除	みつばち．昆虫	→646
細目表					
007				情報学．情報科学	
		.353	追加	ソーシャルメディア：電子掲示板，ブログ，ウィキ，ソーシャルネットワーキングサービス[SNS]	
		.37	追加	情報セキュリティ	
		.375	追加	不正操作：コンピュータウイルス，ハッキング，クラッキング，マルウェア，スパイウェア	
	[.4]		削除	情報源	→007.1
		.6079	追加	情報処理技術者試験	
		.6355	追加	書体[フォント]	
	[.638]→582.33		削除	ワープロ用ソフトウェア	
		.638	追加	文書作成ソフトウェア	
		.6383	追加	プレゼンテーション用ソフトウェア	
		.6384	追加	表計算用ソフトウェア	
		.6388	追加	ワードプロセッサー[ワープロ]用ソフトウェア	
		.6389	追加	データ通信用ソフトウェア	
		.639	追加	個人情報管理ソフトウェア[PIM]	
		.645	追加	マークアップ言語．ウェブサービス記述言語[WSDL]	
	.7		削除	情報システム：UNISIST，NATIS	→007.63
		[.8]	追加	情報工学	→548
		[.82]	追加	コンピュータ[電子計算機]	
		[.821]	追加	入力装置：マウス，タッチパッド，トラックボール	

	NDC9	NDC10	変更内容*	項　目　名	備　考
007（続）		[.8211]	追加	文字・画像入力：キーボード，ペンタブレット，タッチパネル，グラフィカルユーザーインターフェース[GUI]，キャラクターユーザーインターフェース[CUI]，バーコードリーダー	
		[.8212]	追加	映像入力	
		[.8213]	追加	音声入力	
		[.822]	追加	演算装置：CPU[中央演算装置]，MPU[マイクロプロセッサー]	
		[.823]	追加	記憶装置．記憶媒体	
		[.8232]	追加	半導体記憶装置：RAM，IC カード，メモリカード	
		[.8235]	追加	磁気記憶装置：ハードディスク，フロッピーディスク，磁気テープ装置，磁気ドラム	
		[.8237]	追加	光学記憶装置：光ディスク，CD-ROM，DVD	
		[.824]	追加	制御装置	
		[.825]	追加	出力装置	
		[.8251]	追加	文字・画像出力：プリンター，プロッター	
		[.8252]	追加	映像出力：ディスプレイ，プロジェクター	
		[.8253]	追加	音声出力：スピーカー，音源	
		[.827]	追加	端末装置	
		[.829]	追加	各種のコンピュータ[電子計算機]	
		[.8291]	追加	スーパーコンピュータ[スパコン]，汎用大型電子計算機	
		[.8295]	追加	パーソナルコンピュータ[パソコン]，携帯型情報通信端末	
		[.83]	追加	自動制御工学．オートメーション．ロボット	
		[.8301 → 007.831]	追加		
		[.831]	追加	制御理論	
		[.87]	追加	シミュレーション	

	NDC9	NDC10	変更内容*	項　目　名	備　考
007（続）		[.9]	追加	情報通信．データ通信．コンピュータネットワーク	
		[.91]	追加	データ通信回路	
		[.92]	追加	データ通信方式．通信規約［通信プロトコル］	
		[.93]	追加	データ通信網	
		[.933]	追加	公衆データ通信網．広域データ通信網．インターネット	
		[.935]	追加	ローカルエリアネットワーク［LAN］．イントラネット	
		[.94]	追加	データ通信機器：モデム，PAD	
		[.95]	追加	データ通信交換：パケット交換	
		[.96]	追加	中継装置・機器	
010				図書館．図書館情報学	
014				情報資源の収集・組織化・保存	
	.34		削除	目録の種類．目録の形態	→ 014.37
	.35		削除	総合目録	→ 014.37
	.36		削除	目録カードの複製．印刷カード	→ 014.37
		.616	追加	内容保存．媒体変換	
		〈.7／.8〉各種の情報資源	追加		
015				図書館サービス．図書館活動	
		.12	追加	複写サービス	
		.13	追加	図書館間相互貸借［ILL］	
	.17	[.17]	別法	障害者に対するサービス	→ 015.97
		.23	追加	利用教育	→ 015.1
	.29	[.29]	別法	複写サービス	→ 015.12
	.3		削除	図書の貸出．貸出記録法	→ 015.1
	.38	[.38]	別法	図書館間相互貸借［ILL］	→ 015.13
	.4		削除	貸出文庫．団体貸出	→ 015.1
		.9	追加	利用対象別サービス	
		.91	追加	乳幼児に対するサービス	

	NDC9	NDC10	変更内容*	項　目　名	備　考
015（続）		.93	追加	児童・青少年に対するサービス．ヤングアダルトサービス	
		.95	追加	高齢者に対するサービス	
		.97	追加	障害者に対するサービス	
		.98	追加	多文化サービス	
		.99	追加	アウトリーチサービス	
017				学校図書館	
	.6		削除	短期大学図書館	→ 017.8
		.8	追加	短期大学図書館．高等専門学校図書館	
018				専門図書館	
	.09			文書館．史料館	
		.091	追加	文書管理政策．文書館行財政・法令	
		.092	追加	文書館建築．文書館設備	
		.093	追加	文書館経営・管理．文書館職員	
		.094	追加	資料の収集・組織化・保存	
		.095	追加	資料の展示．資料の利用．資料・展示の広報	
		〈.096／.098〉各種の文書館	追加		
		.096	追加	文書館	
		.097	追加	学校文書館．大学文書館	
		.098	追加	専門文書館	
		.099	追加	文書館収蔵文書目録	
020				図書．書誌学	
026				稀書目録．善本目録	
	.9		削除	刊本目録	→ 026.3
080				叢書．全集．選集	
082				中国語	
		.9	追加	東洋の諸言語	
140				心理学	
145				異常心理学	
	.7			意欲の異常	

	NDC9	NDC10	変更内容*	項　目　名	備　考
145（続）		.71	追加	自殺．自傷行為	
		.72	追加	摂食障害．不食，過食，異食	
		.73	追加	性的異常．性的倒錯：近親相姦，ナルシシズム	
146				臨床心理学．精神分析学	
	.8			カウンセリング．精神療法［心理療法］	
		［.81］	追加	項目名なし	
		.811	追加	精神療法：ゲシュタルト療法，行動療法，交流分析，認知療法	
		.812	追加	集団精神療法：家族療法，サイコドラマ［心理劇療法］	
		.813	追加	芸術療法：音楽療法，絵画療法，箱庭療法	
		.814	追加	催眠療法	
		.815	追加	精神分析療法	
		.816	追加	東洋的精神療法：自律訓練法，内観療法	
147				超心理学．心霊研究	
		.9	追加	その他の超常現象	
148				相法．易占	
	.7		削除	幹技術．相性	
150				倫理学．道徳	
159				人生訓．教訓	
		〈.5／.79〉対象別	追加		
180				仏教	
188				各宗	
		.99	追加	その他の宗派	
199				ユダヤ教	
		［.01 →199.1］	追加		
		［.02 →199.2］	追加		
		.1	追加	教典	

	NDC9	NDC10	変更内容*	項　目　名	備　考
199（続）		.2	追加	ユダヤ教史. 伝記	
		.3	追加	聖典	
		.4	追加	信仰録. 説教集	
		.5	追加	会堂：シナゴーグ	
		.6	追加	典礼. 儀礼. 戒律	
		.7	追加	布教. 伝道	
		.8	追加	教派	
200					
209				世界史. 文化史	
		.8	追加	21 世紀-	
210				日本史	
		.762	追加	占領軍統治時代　1945-1952	
		.77	追加	平成時代　1989-	
219				九州地方	
	.9			沖縄県[琉球国]	
				＊次のように細分することができる	
		.902	追加	原始時代. 貝塚時代　-12 世紀頃	
		.903	追加	古琉球. グスク時代　12 世紀頃-1609	
		.905	追加	近世　1609-1879	
		.906	追加	近代　1879-	
		.907	追加	太平洋戦争後　1945-	
		.9072	追加	アメリカ統治時代. 琉球政府時代　1945-1972	
		.9076	追加	日本復帰以後　1972-	
220				アジア史. 東洋史	
		.8	追加	21 世紀-	
221				朝鮮	
		.002	追加	歴史補助学	
		.0025	追加	考古学	
		.037	追加	統一新羅　677-918	
222				中国	
		.002	追加	歴史補助学	

	NDC9	NDC10	変更内容*	項　目　名	備　考
222（続）		.0025	追加	考古学	
		.032	追加	殷時代　紀元前16世紀頃-紀元前11世紀	
		.033	追加	西周時代　紀元前11世紀-770BC	
		.034	追加	東周時代：春秋時代　770-403BC, 戦国時代　403-221BC	
		.064	追加	清時代末期　1840-1912	
223				東南アジア	
	.5			カンボジア	
		.507	追加	独立以後　1949-	
224				インドネシア	
		.62	追加	東ティモール	
227				西南アジア. 中東［中近東］	
		.07	追加	20世紀-	
	.1			アフガニスタン	
		.107	追加	20世紀-	
	.2			イラン［ペルシア］	
		.207	追加	20世紀-	
	.3			イラク［メソポタミア］	
		.307	追加	20世紀-	
		.99	追加	パレスチナ	
[228]				アラブ諸国	
		[.59]	追加	パレスチナ	
230				ヨーロッパ史. 西洋史	
		.8	追加	21世紀-	
235				フランス	
		.7	追加	モナコ	
	.78		削除	モナコ	→ 235.7
239				バルカン諸国	
		.311	追加	コソボ	
	[.6]		削除	ヨーロッパトルコ	→ 227.4
240				アフリカ史	

	NDC9	NDC10	変更内容*	項　目　名	備　考
242				エジプト	
		.04	追加	イスラム王朝時代　641-1798	
		.92	追加	南スーダン	
250				北アメリカ史	
256				メキシコ	
		.07	追加	20世紀-	
260				南アメリカ史	
261				北部諸国[カリブ沿海諸国]	
		.22	追加	スリナム	
		.23	追加	ガイアナ	
268				ペルー	
		.05	追加	植民地時代　1535-1824	
270				オセアニア史. 両極地方史	
275				ポリネシア	
		.2	追加	ツバル	
		.3	追加	サモア[西サモア]	
		.4	追加	トンガ	
		.5	追加	クック諸島	
		.9	追加	イースター島[パスクワ島]	
280				伝記	
	.36		削除	職員録. 役員録	→ 280.35
290				地理. 地誌. 紀行	
		.8	追加	叢書. 全集. 選集	下位に .87 写真集があるために挿入したもの
310				政治	
313				国家の形態. 政治体制	
		⟨.1／.2 国家の形態・歴史⟩	追加		
		⟨.4／.9 政治体制⟩	追加		

	NDC9	NDC10	変更内容*	項　目　名	備　考
317				行政	
		.217	追加	金融庁	
		.218	追加	消費者庁	
		.2699	追加	観光庁	
320				法律	
323				憲法	
		.02	追加	憲法史〈一般〉	
324				民法. 民事法	
		〈.6／.7 身分法〉	追加		
325				商法. 商事法	
	.22			持分会社	
		.222	追加	合名会社	
		.223	追加	合資会社	
		.224	追加	合同会社	
	.23		削除	合資会社	→ 325.223
	.245	[.245]	別法	社債法	→ 325.25
		.25	追加	社債法	
		.258	追加	組織変更. 合併. 会社分割. 株式交換. 株式移転	
329				国際法	
		.098	追加	国際判例集	
330				経済	
335				企業. 経営	
		.89	追加	NPO	
336				経営管理	
		[.722]	追加	販売契約：フランチャイズ契約	
		[.724]	追加	訪問販売. 無店舗販売. 委託販売	
		[.725]	追加	競売	
360				社会	
364				社会保障	
		.48	追加	介護保険	

	NDC9	NDC10	変更内容*	項　目　名	備　考
367				家族問題．男性・女性問題．老人問題	
	.9			性問題．性教育	
		.98	追加	性同一性	
370				教育	
375				教育課程．学習指導．教科別教育	
		.189	追加	総合的学習［総合学習］	
		.1892	追加	小学校	
		.1893	追加	中学校	
		.1894	追加	高等学校	
	.89			外国語教育	
	.893			英語	
		.8932	追加	小学校	
		.8933	追加	中学校	
		.8934	追加	高等学校	
	.9			教科書	
				「＊375.3／.8のように区分」追加	
376				幼児・初等・中等教育	
		.128	追加	個々の幼稚園誌	
	.15			教育課程．保育内容	
	.159	[.159]	別法	物語．お話	→376.158
		.81	追加	幼稚園入試	
		.82	追加	小学入試	
		.83	追加	中学入試	
		.84	追加	高校入試	
		.87	追加	大学入試	
		[.88]	追加	大学院入試	→377.8
377				大学．高等・専門教育．学術行政	
		.8	追加	大学院入試	
		.95	追加	就職問題	
380				風俗習慣．民俗学．民族学	
384				社会・家庭生活の習俗	
		.34	追加	畜産儀礼	

	NDC9	NDC10	変更内容*	項　目　名	備　考
430				化学	
433				分析化学［化学分析］	
		.07	追加	研究法. 指導法. 分析化学教育	
		.075	追加	分析化学実験法	
450				地球科学. 地学	
		[.1]	追加	項目名なし	下位に .12 などがあるために挿入したもの
452				海洋学	
		[.1]	追加	項目名なし	下位に .12 などがあるために挿入したもの
453				地震学	
		[.1]	追加	項目名なし	下位に .11 などがあるために挿入したもの
490				医学	
493				内科学	
		.743	追加	神経症	
		.745	追加	摂食障害	
494				外科学	
		[.1]	追加	項目名なし	下位に .11 などがあるために挿入したもの
497				歯科学	
		.11	追加	口腔解剖学	
		.12	追加	口腔発生学	
		.13	追加	口腔生理学	
		.14	追加	口腔生化学	
		.15	追加	歯科薬理学	
		.16	追加	口腔病理学	

	NDC9	NDC10	変更内容*	項　目　名	備　考
497(続)		.17	追加	口腔細菌学	
510				建設工学. 土木工学	
514				道路工学	
		.091	追加	道路政策・行政・法令	
516				鉄道工学	
		.231	追加	電車線：架空電車線, 第三軌条, 電柱	
	[.56] →546.8	.56	本則	信号場	
		.57	追加	配電. 変電所	
	[.6] →546.8	.6	本則	鉄道信号. 保安装置	
		.61	追加	信号方式. 信号機. 信号回路	
		.64	追加	踏切警報装置	
		.65	追加	車両制御装置：自動列車制御装置[ATC], 自動列車停止装置[ATS], 自動列車運転装置[ATO]	
		.66	追加	鉄道通信[鉄道電話]. 鉄道無線	
		.79	追加	新交通システム：案内軌条式鉄道, 自動運転軌道交通機関[AGT]	
530				機械工学	
536				運輸工学. 車両. 運搬機械	
		.41	追加	客車	
		.42	追加	貨車	
		.5	追加	電車	
		.6	追加	運転：運転ダイヤ, 速度, 牽引力	
540				電気工学	
544				送電. 変電. 配電	
		.079	追加	電気工事士試験	
546			削除	電気鉄道	
	.1		削除	鉄道電化. 電化計画	→516.1
	.2		削除	電車線路. 導軌条路. 帰線	→516.23
	.23		削除	架空電車線. 電柱	→516.231
	.24		削除	導軌条路. 暗渠集電式	→516.231

	NDC9	NDC10	変更内容*	項　目　名	備　考
546(続)	.26		削除	帰線．レールボンド	→ 516.231
	.27		削除	鑽線．電食防止	→ 516.231
	.3		削除	配電．変電所	→ 516.57
	.4		削除	電気機関車	→ 536.3
	.49		削除	小型機関車：電気運搬車，牽引車，除雪車	→ 536.3
	.5		削除	電気車．電動車と付属車	→ 536.4／.5
	.52		削除	車体	→ 536.4／.5
	.53		削除	台枠	→ 536.4／.5
	.54		削除	車台．車輪．車軸	→ 536.4／.5
	.55		削除	電車用電動機	→ 536.4／.5
	.56		削除	連結器	→ 536.4／.5
	.58		削除	車内の付属装置	→ 536.4／.5
	.59		削除	トロリーバス	→ 536.5
	.6		削除	集電装置．制御・ブレーキ装置	→ 536.4／.5
	.7		削除	運転：運転ダイヤ，速度，牽引力	→ 536.6
	.8		削除	信号保安装置．鉄道通信	→ 516.56，516.6
	.81		削除	信号方式．信号機．信号回路	→ 516.61
	.82		削除	転轍装置．連動装置．閉塞装置	→ 516.3
	.84		削除	踏切警報装置	→ 516.64
	.85		削除	自動列車制御装置	→ 516.65
	.86		削除	鉄道通信[鉄道電話]	→ 516.66
547				通信工学．電気通信	
	.456		削除	印刷通信	
	.458		削除	テレックス	
548				情報工学	
	.21			入力装置：マウス，タッチパッド，トラックボール	
		.211	追加	文字・画像入力：キーボード，ペンタブレット，タッチパネル，グラフィカルユーザーインターフェース[GUI]，キャラクターユーザーインターフェース[CUI]，バーコードリーダー	

	NDC9	NDC10	変更内容*	項　目　名	備　考
548（続）		.212	追加	映像入力	
		.213	追加	音声入力	
	.25			出力装置	
		.251	追加	文字・画像出力：プリンター，プロッター	
		.252	追加	映像出力：ディスプレイ，プロジェクター	
		.253	追加	音声出力：スピーカー，音源	
	.293		削除	中型電子計算機	→ 548.291
		[.9353]	追加	ソーシャルメディア：電子掲示板，ブログ，ウィキ，ソーシャルネットワーキングサービス[SNS]	
		[.937]	追加	情報セキュリティ	
		[.9375]	追加	不正操作：コンピュータウィルス，ハッキング，クラッキング，マルウェア，スパイウェア	
		[.96079]	追加	情報処理技術者試験	
		[.96355]	追加	書体[フォント]	
		[.9637]	追加	画像処理：図形処理，画像認識	
		[.9645]	追加	マークアップ言語，ウェブサービス記述言語[WSDL]	
		[.965]	追加	各種のソフトウェア	
		[.9652]	追加	個人情報管理ソフトウェア[PIM]	
		[.9653]	追加	プレゼンテーション用ソフトウェア	
		[.9654]	追加	表計算用ソフトウェア	
		[.9655]	追加	データ通信用ソフトウェア	
		[.9658]	追加	ワードプロセッサー[ワープロ]用ソフトウェア	
	.3			自動制御工学，オートメーション，ロボット	
		[.301 →548.31]	追加		
	[.97]		削除	情報システム：UNISIST，NATIS	→ 548.963
550				海洋工学，船舶工学	
		.96	追加	造船労働	
570				化学工業	

	NDC9	NDC10	変更内容*	項　目　名	備　考
570（続）		.91	追加	政策．行政．法令	
		.92	追加	化学工業史・事情	
572				電気化学工業	
		.13	追加	燃料電池	
580				製造工業	
589				その他の雑工業	
	.212			アジアの衣服	
590				家政学．生活科学	
594				手芸	
		.85	追加	押し花．ドライフラワー．プリザーブドフラワー	
610				農業	
611				農業経済・行政・経営	
	.36		削除	その他の農産物価格・輸出入	
630				蚕糸業	
635				飼育法	
		[.1]	追加	項目名なし	下位に.13などがあるために挿入したもの
640				畜産業	
645				家畜．畜産動物．愛玩動物	
		.8	追加	その他の家畜・畜産動物：うさぎ，フェレット，ミンク，モルモット，らくだ	
		.92	追加	愛玩動物の繁殖・育種	
		.93	追加	愛玩動物の食餌・給餌法	
		.96	追加	愛玩動物の病気と手当	
	.99		削除	その他の有用動物とその利用：らくだ，ぞう，さる，くま，ミンク	→645.8
646				家禽	
		.82	追加	小鳥・飼鳥の繁殖・育種	
		.83	追加	小鳥・飼鳥の食餌・給餌法	
		.86	追加	小鳥・飼鳥の病気と手当	
[647]			削除	みつばち．昆虫	
	[.1]		削除	養蜂の経済・経営	

	NDC9	NDC10	変更内容*	項　目　名	備　考
[647]（続）	[.2]		削除	みつばちの繁殖. 蜜源と蜜用植物	
	[.3]		削除	巣箱. 用具	
	[.4]		削除	管理	
	[.5]		削除	病害と保護	
	[.6]		削除	蜂蜜. 蜜製品. 蜜蝋	
	[.9]		削除	昆虫の飼育：すずむし，かぶとむし	
649				獣医学	
		.59	追加	獣医看護学[動物看護学]	
		.81	追加	家畜衛生行政	
		.812	追加	家畜衛生法令	
		.814	追加	獣医学関係職員の資格・任務	
		.816	追加	家畜病院. 動物病院	
		.85	追加	飼養衛生：飼料衛生・安全性	
		.86	追加	家畜疫学. 家畜防疫	
670				商業	
673				商業経営. 商店	
		.35	追加	競売	
		.87	追加	ショッピングセンター. ショッピングモール	
		.878	追加	個々のショッピングセンター・ショッピングモール	
674				広告. 宣伝	
		.35	追加	宣伝・広告文：キャッチフレーズ	
690				通信事業	
699				放送事業	
		.79	追加	衛星放送	
700				芸術. 美術	
706				団体：学会，協会，会議	
		[.99]	追加	美術館所蔵目録・図録. 展覧会出陳目録・図録	→ 703.8；708.7
720				絵画	
724				絵画材料・技法	
		.578	追加	植物画[ボタニカルアート]	

	NDC9	NDC10	変更内容*	項　目　名	備　考
740				写真	
742				写真器械・材料	
		.52	追加	デジタルカメラ	
749				印刷	
		.83	追加	ノンインパクトプリンティング：インクジェット	
760				音楽	
763				楽器．器楽	
		.93	追加	電子楽器〈一般〉．電子音楽	
770				演劇	
774				歌舞伎	
		.29	追加	地歌舞伎	
777				人形劇	
	.19		削除	地方の人形芝居	
780				スポーツ．体育	
		.9	追加	スポーツ産業：スポーツ興行	
790				諸芸．娯楽	
798				その他の室内娯楽	
		.3	追加	パズル．クイズ	
		.4	追加	ロールプレイングゲーム［RPG］	
	.5			コンピュータゲーム〈一般〉：テレビゲーム，オンラインゲーム	
		.507	追加	ゲーム制作：プログラミング，シナリオ	
800				言語	
801				言語学	
		.91	追加	点字	
		.92	追加	手話［手話言語］	
820				中国語	
823				辞典	
		.1	追加	中中辞典	
		.2	追加	日中辞典	
		.3	追加	中日辞典	

	NDC9	NDC10	変更内容*	項　目　名	備　考
823（続）		.4	追加	故事熟語辞典．慣用語辞典	
		.5	追加	類語辞典．同義語辞典．反義語辞典	
		.6	追加	古語辞典	
		.7	追加	新語辞典．時事中国語辞典	
		.9	追加	隠語辞典．俗語辞典	
824				語彙	
		.3	追加	基本語彙	
		.4	追加	熟語．慣用語	
		.5	追加	類語．同義語．反義語．同音語	
		.6	追加	古語	
		.7	追加	新語．流行語．外来語．略語	
		.8	追加	児童語	
		.9	追加	隠語．俗語．階級語	
826				文章．文体．作文	
		.2	追加	修辞法	
		.3	追加	修飾語	
		.4	追加	公用文	
		.5	追加	論文	
		.6	追加	書簡文．日記文	
		.7	追加	式辞	
		.8	追加	文範．文例集	
827				読本．解釈．会話	
		.4	追加	和文中訳	
828				方言．訛語	
		.7	追加	贛語［江西語］：江西方言	
		.8	追加	湘語［湖南語］：湖南方言	
829				その他の東洋の諸言語	
	.1			朝鮮語［韓国語］	
		.11	追加	音声．音韻．文字	
		.111	追加	音声．発音．音韻	
		.112	追加	漢字	
		.115	追加	ハングル［朝鮮文字］	

	NDC9	NDC10	変更内容*	項　目　名	備　考
829（続）		.12	追加	語源．意味［語義］	
		.13	追加	辞典	
		.131	追加	朝朝辞典［韓韓辞典］	
		.132	追加	日朝辞典［日韓辞典］	
		.133	追加	朝日辞典［韓日辞典］	
		.134	追加	故事熟語辞典．慣用語辞典	
		.135	追加	類語辞典．同義語辞典．反義語辞典	
		.136	追加	古語辞典	
		.137	追加	新語辞典．時事朝鮮語辞典［時事韓国語辞典］	
		.139	追加	隠語辞典．俗語辞典	
		.14	追加	語彙	
		.143	追加	基本語彙	
		.144	追加	熟語．慣用語	
		.145	追加	類語．同義語．反義語．同音語	
		.146	追加	古語	
		.147	追加	新語．流行語．外来語．略語	
		.148	追加	児童語	
		.149	追加	隠語．俗語．階級語	
		.15	追加	文法．語法	
		.151	追加	形態論．構文論［統語論］	
		.152	追加	名詞．数詞	
		.153	追加	代名詞	
		.154	追加	形容詞．冠形詞	
		.155	追加	動詞	
		.156	追加	副詞．感嘆詞	
		.157	追加	助詞	
		.158	追加	敬語法	
		.16	追加	文章．文体．作文	
		.162	追加	修辞法	
		.163	追加	修飾語	
		.164	追加	公用文	

290

	NDC9	NDC10	変更内容*	項　目　名	備　考
829(続)		.165	追加	論文	
		.166	追加	書簡文．日記文	
		.167	追加	式辞	
		.168	追加	文範．文例集	
		.17	追加	読本．解釈．会話	
		.174	追加	和文朝訳[和文韓訳]	
		.175	追加	朝文解釈[韓文解釈]．朝文和訳[韓文和訳]	
		.177	追加	朝文読本[韓文読本]	
		.178	追加	会話	
		.18	追加	方言．訛語	
		.769	追加	マルタ語	
		.81	追加	オリヤー語．マラーティー語．グジャラート語．ロマニー語[ロマ語]．シンド語[シンディー語]	
		.84	追加	ウルドゥー語	
		.86	追加	ネパール語	
		.87	追加	シンハラ語．ディベヒ語	
830				英語	
834				語彙	
		.5	追加	類語．同義語．反義語．同音語	
		.6	追加	古語	
		.8	追加	児童語	
		.9	追加	隠語．俗語．階級語	
910				日本文学	
		.265	追加	平成時代　1989-	
969				ポルトガル文学	
		.1	追加	詩	
		.2	追加	戯曲	
		.3	追加	小説．物語	
		.4	追加	評論．エッセイ．随筆	
		.5	追加	日記．書簡．紀行	
		.6	追加	記録．手記．ルポルタージュ	

付録2 | *291*

	NDC9	NDC10	変更内容*	項 目 名	備 考
969（続）		.7	追加	箴言. アフォリズム. 寸言	
		.8	追加	作品集：全集. 選集	
		[.89]	追加	ポルトガル以外のポルトガル語文学	→969／969.8
	[.9] →969／ 969.8		削除	ポルトガル以外のポルトガル語文学	
		.9	追加	ガリシア文学	
970				イタリア文学	
		971	追加	詩	
		972	追加	戯曲	
		973	追加	小説. 物語	
		974	追加	評論. エッセイ. 随筆	
		975	追加	日記. 書簡. 紀行	
		976	追加	記録. 手記. ルポルタージュ	
		977	追加	箴言. アフォリズム. 寸言	
		978	追加	作品集：全集. 選集	
980				ロシア・ソビエト文学	
		981	追加	詩	
		982	追加	戯曲	
		983	追加	小説. 物語	
		984	追加	評論. エッセイ. 随筆	
		985	追加	日記. 書簡. 紀行	
		986	追加	記録. 手記. ルポルタージュ	
		987	追加	箴言. アフォリズム. 寸言	
		988	追加	作品集：全集. 選集	
997				オーストラリア諸言語の文学	
		.9	追加	パプア諸語の文学	
一般補助表					
言語共通区分			削除		→固有補助表
文学共通区分			削除		→固有補助表

	NDC9	NDC10	変更内容*	項　目　名	備　考
固有補助表					
日本の各地域の歴史（沖縄県を除く）における時代区分			追加		
各国・各地域の地理，地誌，紀行における共通細区分表		-013	追加	景観地理	
言語共通区分			追加		
文学共通区分			追加		

＊「別法」は 10 版で別法になったものを，「本則」は 10 版で本則になったものを表す。

索引

▶英数字

RDA　25
7版　55, 104, 112, 115
8版　30, 37, 55, 56, 59, 104, 109, 112, 113, 115
9版　30, 31, 37, 47, 56, 59, 63, 64, 68-70, 72, 90, 98, 109, 113, 127
10版　30, 31, 37, 47, 63, 64, 68-70, 72, 88, 97, 98, 100, 112, 113, 126, 127, 133

▶あ行

一般補助表　47, 64
一般補助表・相関索引編　30

▶か行

海洋区分　47, 61, 65
形式区分　47, 49, 50, 52, 54, 74
言語共通区分　47, 64, 124, 125
言語区分　47, 61, 63, 65
件名標目　25, 142
綱目表　32, 34
固有補助表　47, 63, 64

▶さ行

細目表　32, 34, 37
縮約項目　42, 43, 111
書架分類　23, 24, 26

書誌分類　23, 24, 26, 142
請求記号　23, 26, 141
正誤表　31, 69
相関索引　31, 65, 67, 68, 75
相関索引・使用法編　30, 65, 72

▶た行

第1次区分　75
第2次区分　31, 34, 37
第3次区分　32, 34, 37
地理区分　47, 51, 54, 58, 59, 65

▶な・は行

日本地方区分　58
不均衡項目　44, 46, 90, 95, 111-113, 118, 123, 128
文学共通区分　47, 64, 129, 132
補遺　69, 70
補助表　30, 31, 47, 59, 63, 67, 218
本表　30, 31, 41, 50-53, 58, 59, 61, 63, 70, 71, 83
本表・補助表編　30, 72
本表編　30

▶や・ら行

要目表　32
類目表　31, 34

著者プロフィール

蟹瀬 智弘 (かにせ・ともひろ)
....
1960年生 慶應義塾大学大学院修士課程修了 社会学修士
株式会社 紀伊國屋書店LS人材開発部契約社員
近畿大学通信課程，十文字学園女子大学，学習院女子大学，東京農業大学
ほか非常勤講師
日本図書館協会分類委員会委員（2017〜）
著書に『RDA入門』（共著．日本図書館協会，2014），『やさしく詳しい
NACSIS-CAT』（樹村房，2015）
....

NDCへの招待
―図書分類の技術と実践―

2015年5月29日　初版第1刷発行
2019年5月30日　初版第3刷

検印廃止

著　者ⓒ　蟹　瀬　智　弘
発 行 者　大　塚　栄　一

発 行 所　株式会社　**樹村房**
〒112-0002
東京都文京区小石川5丁目11番7号
電　話　03-3868-7321
FAX　03-6801-5202
http://www.jusonbo.co.jp/
振替口座　00190-3-93169

組版・印刷・製本／美研プリンティング株式会社

ISBN978-4-88367-245-5
乱丁・落丁本は小社にてお取り替えいたします。